EUGÈNE ROLLAND

FAUNE POPULAIRE
DE
LA FRANCE

TOME XII

LES MOLLUSQUES, LES CRUSTACÉS, LES ARACHNIDES
ET LES ANNÉLIDES

PARIS
CHEZ L'AUTEUR, 5, RUE DES CHANTIERS
Ve ARRONDISSEMENT

FAUNE POPULAIRE

DE

LA FRANCE

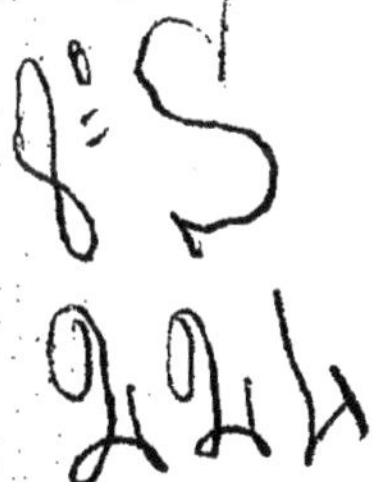

Eugène ROLLAND

FAUNE POPULAIRE DE LA FRANCE

TOME XII

LES MOLLUSQUES, LES CRUSTACÉS, LES ARACHNIDES ET LES ANNÉLIDES

PARIS
CHEZ L'AUTEUR, 5, RUE DES CHANTIERS
Ve Arrondissement

FAUNE POPULAIRE DE LA FRANCE

LES MOLLUSQUES, LES CRUSTACÉS, LES ARACHNIDES ET LES ANNÉLIDES

Nautilus pompilius (Linné). — **LA GALÈRE.**

piscis sacer, pompilus, nautilus, nauplius, nauticus, ovum polypi, polypus testaceus, anc. nomencl., Du C.; Dargenville, 1742, p. 248.
nautil, m., anc. fr., Chr. de Gamon, *Pescheries,* 1599, fet 19, ro.
galère, f., franç., Du Tertre, *Hist. de l'Archipel Saint-Christophe,* 1654, p. 281; *Dict. des Arts,* 1732; Bernardin de Saint-Pierre, *Voyage à l'Isle de France,* 1773, I, 44.

Argonauta argo (Linné). — **LE VOILIER.**

voilier, m., franç., Nemnich, 1793.
vélèto, f., provençal, A.-F. Didot, *Voyage dans le Levant,* 1826, p. 337.
nautile de papier, argonaute papyracé, français savant.
paper sailor, anglais, Brookes, 1815.

Loligo vulgaris (Lamarck). — **LE CALMAR.**

lolligo, lat. du m. â., Goetz.
lollium, nomencl. de Gillius, 1533.
calamarium, totanum, casserus, anc. nomencl., Worm, *Museum wormianum*, 1655, p. 246.
sepia loligo, nomencl. de Linné.
taute, marseillais latinisé, Gillius, 1533. (Le nom de *taute* a été donné au calmar, par des auteurs postérieurs, comme français, mais à tort.)
totena, marseillais latinisé, Belon, 1555.
taouténo, f., provenç., Achard, 1785.
toouténo, f., Var, B.-du-Rh.
calamar (1), m., *calamart*, m., *calemar*, m., *callemart*, m., *calmar*, m., anc. fr., Duchesne, 1544 ; etc., etc.
cornet, m., Bayonne, Rondelet, 1558.
cônuè, m., Guernesey, Métivier.
encornet, m., Charente-Inf., Loire-Inf., Côtes-du-Nord, Manche.
ancôna, m., Saint-Malo, Manet, *Baie du Mont-Saint-Michel*, 1826, p. 120. — Cancale, c. p. M. Ch. Lecomte.
seiche encrière, f., *encrière*, f., franç., Cotg., 1650; Duez, 1664.
glaugiou, Languedoc, Rondelet, 1558; Du Cange, II, 219.
glaoujoou, m., Hérault., Westphal. — Gard, Clément, *Mollusques du Gard*, 1875.
chipirone, f., Bayonne, Fischer, *Faune conchyl. de la Gir.*, 1864. En basque, le calmar est appelé *chiripodi* et *pot-*

(1) Ce mot vient du latin *calamarium*, espèce d'étui où l'on mettait de l'encre et des *calames* ou roseaux pour écrire. L'animal donne de l'encre comme un encrier. — On appelle aujourd'hui *encre de sèche* la liqueur noire qu'émettent le calmar et la sèche, pour obscurcir l'eau et ne pas se laisser voir.

chia. Sur l'étymol. de ces mots, voy. SCHUCHARDT (dans *Zeitsch. f. rom. Philol.*, 1887, p. 491).

bouscarlo dé mar, f., provenç., MISTRAL.

mešer-guin (= cabaret à vin), breton de l'île Molènes, *Arch. f. celt. Lexicogr.*, III, 254.

stifellek, breton de l'île de Batz; *chivel*, bret. de Vannes (de *stivel* = source), ERNAULT, *Sur l'étymol. bret.*, p. 49, 50 (n° XXI).

sifoc'h, bret. du Bas-Léon (cf. *sifoc'hel* = esp. de seringue d'enfants), ID., *ibid.*

calamarie, anglais, en 1567, MURRAY.

« *Taoutas*, m.,= bourbier, patrouillis. » Languedoc, SAUVAGES, 1785.

« Gounflà coumo uno tooutèno. » Provence, LA TOUR-K. — « Moun véntré éro cafi ooutant qu'uno toouténo. » Marseille, ISSAUREL, *L'eissame*, 1888, p. 44. — On mange la sèche *farcie*. « *Farci coum' uno toouténo* = personne crédule à qui l'on a fait accroire tout ce que l'on a voulu. » Provence, AVRIL. — « *Testo de toouténo* = imbécile. » B.-du-Rh., FERAOUD, *Lou rabayaire dei Martegalado*, 1868, p. 25. — « On dit de quelque chose de dur à manger : *c'est dur comme des ancônas.* » Ille-et-Vil., c. p. M. CH. LECOMTE.

Loligo media (LINNÉ).

sepiola Rondeleti, anc. nomenclature.

corniche, f., Bayonne, RONDELET, 1558.

cornichet, m., Bordeaux, Bayonne, BELON, 1555.

petit encornet, m., *soké*, m., Grandcamp (Calvados), *Soc. d. amis d. sciences natur. de Rouen*, 1877, p. 384. — Calvados, JORET.

Sepia officinalis (LINNÉ). — **LA SÈCHE.**

1. — Noms de l'animal :

sepia, sipia, scipia, chipia, sicca, secheta, lat. du m. â.
sepia, f., *sipia,* f., anc. languedocien.
cepcha, f., anc. provenç., LEROUX, *Docum. hist. du Limousin,* 1883, I, 45.
supia, f., Nice, SÜTTERLIN, p. 339.
sépio, f. Aude, LAFF.
sipio, f., *sepo,* f., provenç., SOLERIUS, 1549.
seypo, dauphinois, SOLERIUS, 1549.
sopi, f., Marseille, BELON, 1555.
supi, f., provenç., ACHARD, 1785. — Var, PEISE, *Talounados de Barj.,* 1873, p. 112.
sépi, f., B.-du-Rh., *L'aioli du 17 juin 1899.*
sipe, f., Arcachon, DUHAM., I, ch. 3, p. 84. — La Teste (Gir.), MOUR.
sèke, f., Le Havre, MAZE.
seiche, f., franç., BELON, 1555.
sèche, f., franç., GRÉVIN, *Œuvres de Nicandre,* 1567, p. 82; etc., etc.
soiche, f., Sens, au m. â., *Soc. d. Sciences de l'Yonne,* 1880, p. 321.
sechette, f., anc. fr., GOD., s. v° *mastelle.*
rubelle, couteau, français dialectal, CONSTANTINUS, 1573.
marquette, f., Bretagne, DUHAM., 1769, I, 32.
margatte, f., Nantes, doc. de 1591, *Soc. archéol. d'Ille-et-V.,* 1863, p. 254. — C.-du-N., SÉBILLOT (dans *Rev. de ling.,* 1881).
morgatte, f., franç. de l'Ouest, LE PELLETIER, 1752, col. 622.
margade, f., franç. du XV° s., MANTELLIER, 1869. — Carolles (Manche), LE BRETON.

morgade, f., franç. de l'Ouest, *Catholicon*, 1499. [E. E.]
marcadon, m., embouchure de la Loire, DUHAM., 1769, I, ch. 3, p. 72.
boufron, m., français dialectal, NICOT, 1606.
boufaroun, m., provenç., MISTRAL.
morgadenn, *morgat*, breton. [E. E.]
stivel, breton de Tréguier. [E. E.]

2. — La jeune sèche, alors qu'elle est bonne à manger, est appelée :

sepiola, latin.
sépioum, m., B.-du-Rhône.
supioun, m., Marseille, RÉGIS DE LA COL.
sépiou, m., Hérault, SOULET, *Pescadous lengad.*, 1893; CHASSARY, *En terra galesa*, 1895, p. 274.
sipiou, m., B.-du-Rh., MILLIN, *Voyages dans le Midi*, 1816, IV, 34.
casseron, m., anc. fr., RABELAIS; BELON. — Saintonge, RONDELET, 1558. — La Rochelle, *Descript. de l'entrée de la royne Gillette*, 1614, p. 48.
cassëroun, m., La Teste (Gir.), MOUREAU.

Le jeune calmar porte les mêmes noms.

3. — La coquille interne de la sèche (1) est appelée :

os de sepia, m., anc. prov., RAYNOUARD.
ouéssé dé supi, m., provenç., ACHARD, 1785.
os de seiche, m., anc. fr., ARNOUL, 1517; CONST. CÉSAR, *Vingt Livres d'agric.*, 1545, f[et] 213; etc., etc.
pépie, f., Guernesey, MÉTIVIER. (On lui attribue la vertu de guérir la pépie des poules.)

(1) On la donne aux oiseaux de volière pour leur permettre de s'y aiguiser le bec et d'y puiser la chaux nécessaire à la nutrition des os.

pain de moineau, m., Somme, BIZET, *Malacozoaires de Picardie*, 1892.
biscuit de mer, m., franç., r. p.
pibit (= pépie), breton. [E. E.]

4. — Les œufs de sèche sont appelés :

raisins de mer, m., Languedoc, RONDELET, 1558.
grappe de mer, f., franc., DU PINET, 1625, II, 462.

5. — « Sec coum' un os de sépi. » Provence, MISTRAL.

6. — « Jità lou négré coumo uno supi = jeter le noir comme une sèche, c.-à-d. être en colère. » Provence, ACHARD, 1785.

7. — « Fày'ré l'uéy' dé sépi, fày'ré la sépi = *faire des yeux langoureux*. » Provence, MISTR.

8. — « Qué sépi! = *quelle ennuyeuse personne!* » Provence, MISTRAL.

9. — « *Un os de sèche* = une femme très maigre. » BALZAC, *Un grand homme de province*.

10. — « Ils sont comme les casserons qui portent toujours un cousteau et n'ont point de cœur. » DU SOUHAIT, *Le Pacifique*, 1604, p. 143. — « Pareil au casseron qui a bien une dague, c.-à-d. une espine affilée et tranchante, mais n'a point de cœur. » J.-P. CAMUS, *Homélie des trois simonies*, 1615, p. 30. — « Le casseron a cette propriété de se cacher tousjours, de s'ensevelir dans le sable, quand il est pris, de vomir toute son ancre afin de se cacher. » GARASSE, *Doctrine curieuse*, 1624, p. 77.

Octopus (genre) (Lamarck). — **LE POULPE.**

1. — Noms de l'animal :

polypus, latin.
polpra, lat. du m. â., doc. de 1381, Du C.
talentare, lat. du m. â., Simon Januensis, 1486.
multipes, anc. nomencl., Worm, *Museum wormianum*, 1655, p. 246.
polype, m., franç., J. Bodin, 1597, p. 462.
polip, m., *polippe*, m., anc. fr., Rayn.
poulpe, m., franç., J. Thierry, 1564; etc., etc.
poulpe de mer, m., Duez, 1664.
poulpe, f., Boaisteau, *Hist. prodig.*, 1561, f[et] 61.
polpé, m., *popré*, m., niçois, Pellegrini.
pourpe, m., franç., J. Thierry, 1564.
pourpre, m., franç., Solerius, 1549; Belon, 1555; Taegio, *Doctes responses*, 1577, p. 27; etc., etc.
pourpre marin, m., franç., Dalechamps, *Chirurgie*, 1610, p. 92.
pourpré, m., B.-du-Rh., *L'Aïoli du 17 juin 1899.*
poupré, m., provenç., Pellas, 1723; Achard, 1785; etc., etc.
poupe, m., franç., Calanius, *Entreten. de santé*, 1550, f[et] 21, v[o]; Theodorite, *Nat. de l'homme*, 1555, p. 13; Chrestien, *Venerie d'Oppian*, 1675, f[et] 25, r[o].
poupe marine, f., franç., *Cent-quatre jours de voyage*, 1818, p. 2.
poufré, m., Narbonne, Duhamel, 1769, I, ch. 3, p. 92. — Cette, *Armanac cetori*, 1897, p. 17. — Montpellier, Westphal. — Béziers, *Soc. arch. de Béz.*, 1899, p. 141. — Aude, Laff. — Gard, Clément, *Mollusques du Gard*, 1875.
bougre, m., Normandie, Constantinus, 1573. — Mont-Saint-Michel, Le Héricher, 1879.
pièvre, f., Guernesey, Métivier. (C'est à Métivier que Victor Hugo a emprunté ce mot, sous la forme *pieuvre*,

devenu célèbre et entré dans la langue française pour signifier une personne férocement avide.)

peûcre, m., Courseulles-s.-M. (Calvad.), r. p.

peûk, m., Bernières-s.-M. (Calvad.), *Bull. des parlers normands*, 1899-1900, p. 344.

secchepoupe, Marseille, CONSTANTINUS, 1573.

satroul, m., Cotentin, au XVIe s., *Journ. de Gouberville*, 1879, p. 144.

satroulle, f., dieppois, PARMENTIER, *Disc. de la navigat.*, 1529, édit. SCHEFER, p. 29.

satrouy', f., Dives (Calvad.), r. p. — Valognes, LE HÉRICHER, 1879.

châtroû, m., Bessin, JORET. — Le Havre, MAZE.

chatrouy', f., Eure, VERGER. — Le Havre, MAZE. — Loire-Inf., ED. RICHER, *Descript. du Croisic*, 1823, p. 15.

satrou, m., Fécamp, VITAL. — Yport, *Rev. d. tr. p.*, 1905, p. 37.

minar, m., Finistère, c. p. feu L.-F. SAUVÉ. — C.-du-N., r. p. — Carolles (Manche), LE BRETON, *Carolles*, etc.; p. 10.— Bessin, JOR.

baligan (1) (nom d'une variété de poulpe), Bessin, JOR.

saumirou de mar (= ânon de mer), Toulouse, au XVIe s., NOULET, *Goudelin*.

lagà, m., Golfe de Gascogne, JAM, *Guide de Pau aux Eaux-Bonnes*, 1869, p. 170. — Biarritz, LESPY.

tripos dé mar, f. pl., Provence, MISTR.

mouldrebe (= moule de trépied), breton de l'Ile-de-Sein, c. p. feu L.-F., SAUVÉ.

maou d'ué (= mal d'œil; l'humeur dont le poulpe est enduit cause des maux d'yeux), B.-du-Rh., MILLIN, *Voy. dans*

(1) On trouve *baligan*, au moyen âge, avec le sens d'instrument marin non déterminé. « De grans haubers et de grans baligans armoyés de leurs armes. » *Romania*, 1902, p. 357.

le Midi, 1810, IV, 35. (On donne le même nom au calmar et à la sèche.)

2. — *Lis Pourprés,* nom d'un quartier de la Crau d'Hyères.

3. — « *Bassèllà coumo un pourpré,* = battre quelqu'un. » Provence, *Lou franc prouvençau*, 1876, p. 41; *Armana de la sartan* 1892, p. 28.

4. — « A prés un nas pér un poufré roukiè. » Cette, *Armanac cètori,* 1897, p. 17.

5. — « *J'ai un œil de pourpre* = j'y vois bien clair. » Français marseillais, P. VALLÈS, *Vivent les bleus,* opérette, s. d. (vers 1900). — « *Fà les uy' dé poupré* = faire les yeux doux, amoureux. » Var, PEISE, *Amours de Mise Coutant,* 1863, p. 37.

6. — « *Pèscà un poupré* = tomber dans une flaque d'eau, une mare. » Provence, ACHARD, 1785.

7. — « *Counouissoun tant léy foun coumo un poupré uno bouasco* = ils ne connaissent pas plus les fonds qu'un poulpe ne connaît une bouasque. » Toulon, BENONI, *Patroun Prairé,* 1833, p. 22.

8. — « *Raco-pooupré* = qui mange et vomit les poulpes, sobriquet des habitants de Toulon. » MISTRAL.

9. — « Le peuple est un poulpe qui prend les couleurs des hauts rochers où il est attaché, par la subjection et l'obéissance. » J.-P. CAMUS, *Homélies sur la Passion,* 1623, p. 211.

10. — « Comme les poulpes qui se parent de leurs livrées. » J.-P. CAMUS, *Animadversions,* 1642, p. 23.

11. — « Comme un poulpe, durant la tempeste, il s'attache à la vive roche. » J.-P. Camus, *Traité du Chef de l'Église*, 1630, p. 281.

12. — « Un minar dans le fond d'un bateau porte chance au pêcheur. » C.-du-N., Sébillot (dans *Revue de Linguistique*, 1881, p. 198.)

13. — « *Un minar de tué, un louis d'or de gagné.* » C.-du-N., Sébillot, *Folklore des pêcheurs*, 1901, p. 34.

14. — Voir dans *Mélusine*, II, 468, une histoire bretonne facétieuse où le *minar* joue un rôle important.

OCTOPUS (Variété).

poulpe musqué de la Méditerranée, franç., D'Orbigny.
muscadin, m., Hérault, Westphal.

Murex (genre) (Linné).

rocher, m., français, Gersaint, 1736; etc., etc.
burex, m., franç., Constantinus, 1573.
burez, m., franç., Junius, 1576.
buret, m., franç., Du Pinet, 1625, II, 462.
brigô, m., île de Ré, Kemmerer.
burret, anglais, en 1601, Murray.

Murex brandaris (Linné).

biéou-cavalàn, m., *biéou-cournucho*, m., Provence, Mistral. (On mange ce coquillage avec de l'ayoli.)

Murex (diverses espèces).

massue, massue d'Hercule, araignée, scorpion, millepieds, clou de porte, turban rouge, oreille de cochon, oreille d'âne, ailée, aile d'ange, aile de chauve-souris, chausse-trape, rôtie, bécasse, tête de bécasse, bécasse épineuse, porte-épine, porc-épic, cheval de frise, feuille de chicorée, chicorée, feuille de scarole, râpe, carreau, tulipe, culotte de Suisse, franç., GERSAINT, 4736; FAVART, 1775; etc., etc.

Purpura (genre) LAMARCK. — **LA POURPRE DES ANCIENS.**

purpura, l. du m. â.. BOUCHERIE, 1872.
ostrum, l. du m. â., DU C. (D'où *ostreare* = teindre en pourpre).
pourpre, f., franç., DARGENVILLE, 1742.
cornet de poupre, m., franç., *Confections aromat.*, 1568, p. 560.
pourpre, murice, franç., *Thresor de santé*, 1607, p. 247.
pourpre marin, m., anc. fr., BL. DE VIGENÈRE, *Images de Philostrate*, 1578, fol 303, r°.
« Si on ne prend les pourpres vives, l'escarlatte meurt avec elles, si on les prend vives, on les escache avec meules à huyle pour en tirer la richesse des roses purpurines pour parer les Roys (1). Les unes sont à mode de cornet avec un bec rond, et un peu incisé à costé; on le nomme Cor de Mer. Les autres jettent leur bec à mode de tuyau, et sont faites en poyres, et ont sept pointes, et autant de révolutions à sa coque, que chacune a d'années. La langue est si dure qu'elle perce les coquilles des poissonneaux dont la pourpre vit. Aussi pour les prendre on se sert de poissons demy-morts en escaille, car s'ouvrant les pourpres y coulent leur langue, les autres serrent leurs rasoirs, et tel pensoit prendre, qui est pris au tresbuchet. » R. FRANÇOIS, 1622, p. 24.

(1) Sur la pourpre que les anciens retiraient de diverses espèces de *murex*, voyez : LACAZE-DUTHIERS, *Mémoire sur la pourpre* (dans *Mém. de la Soc. des Sciences de Lille*, 1859, pp. 303-380).

Purpura (diverses espèces)

carte de géographie, alphabet, cloporte, navette de tisserand, argus, petit asne, levraut, souris, taupe, franç., GERSAINT, 1736 ; DARGENVILLE, 1742.

Fusus (genre) (BRUGNIÈRE).

buccinum longum, anc. nomenclat.
fuseau, quenouille, franç., GERSAINT, 1736.

Triton (genre) (MONTFORT).

bivoou, m., étang de Berre, HONORAT.
trompe marine, trompette de mer, conque de triton, franç.

Buccinum (genre) (LINNÉ). — LE BUCCIN

bius cornetus, marseillais latinisé, GILLIUS, 1533, p. 581.
buccine, f., franç., CHR. DE GAMON, *Pescheries*, 1599, f[ct] 15, r[o].
biéou, m., provenç., ACHARD ; MARREL.
ran, m., Normandie, CONSTANTINUS, 1573. — Dives (Calvad.), r. p.
farin, m., C.-du-N., SÉBILLOT, *Folkl. des pêcheurs*, 1901, p. 37.
fali, m., breton et franç. des Côtes-du-Nord, E. ERNAULT (dans *Rev. celt.*, V, 221).
torion, m., Carolles (Manche), LE BRETON, p. 37.
cor de mer, m., *cornet de mer*, m., franç., RONDELET, 1558.
trompe, trompette, franç., DARGENVILLE, 1742.
bigornet, m., *bigorneau*, m., Bretagne, CONSTANTINUS, 1573.
brigô, m., île de Ré, KEMMERER.
bulot, m., Picardie, Normandie, LITTRÉ, *Supplém.*
coucou, m., Le Virier (Ille-et-Vil.), c. p. M. CH. LECOMTE.

Buccinum lapillus (Linné).

pourpre à teinture, buccin teinturier, français.

burgô baveux, m., Noirmoutier, Piet, p. 558.

burgau morchou, m., Lozières (Saintonge), Arcère, *Hist. de La Rochelle*, 1756, I, 8. (A l'intérieur de ce mollusque il y a un petit suc ou liqueur de rouge foncé dont les habitants se servent pour marquer le linge.)

Buccinum undatum (Linné).

ran à capè, m., Grandcamp (Calvad.), *Soc. d. Amis d. Sciences natur. de Rouen*, 1897, p. 379.

« On appelle *brosses de matelot* les masses d'œufs de cet animal déposées sur le sable. » Nord-Est, Labille, p. 159.

Buccinum (diverses espèces).

petit doigt, gaufre, tour de Babel, f., *grimace*, f., *cordelière, tiare, cardinale, dragon, aveline, gueule de loup*, franç., Favart, 1775.

tonne, perdrix, licorne, harpe, guirlande de lierre, ivoire, fève naine, noyau d'olive, covet, petit chardon, arculaire, mître jaune, casquillon, tour de Copenhague, miran, franç., Bruguière, 1792.

Cassis (genre) (Klein).

cassidea, buccinum triangulare, autres nomenclatures.

casque, m., franç., Dargenville, 1742.

Cassis (diverses espèces).

tête de bœuf, fer à repasser, turban rouge, bonnet de Pologne, casque-plume, casque-bonnet, bourse, testicule, damier sillonné, volute échancrée, franç., Bruguière, 1792.

Conus (genre) (Linné).

cône, m., français.

Conus ammiralis (Linné).

amiral, m., franç., Dargenville, 1742. (Ce coquillage est bariolé de bandes claires comme un *ancien vaisseau amiral*.)

Conus magus (Linné).

sabot-sorcière, sorcière, franç., Mendes, 1778.

Conus pagodus (Chenu).

toit chinois, pagode, cul de lampe, franç., Dargenville, 1742.

Conus (diverses espèces).

drap d'argent, drap, brocard de soie, taffetas, moire grenue, velours anglois, satin, écorce d'orange, peau de serpent, peau d'hyène, peau de civette, peau de chagrin, peau de souris, taupin, piqûre de mouches, morsure de puces, tricot, fileur, fileuse, aile de papillon, agate, f., *veau panaché, veau grenu, renard grenu, cornet rouillé, cygne, rat, cierge, onix, mennonite, cordelier, capucin, cardinal, moine, hermite, minime*, m., *négresse*, f., *colombe, étourneau, aumusse, rouleau, picotée, spectre, carotte, capitaine, chevalier, matelot, mosaïque* ou *natte d'Italie, époux, pavé, flamboyante, petite vérole, pluye d'or, pluye d'argent, jaunisse, mitre, écorché, écorchée, omelette, bâtonnet, gland, nébuleuse, poudingue, caillouteuse, gloire de la mer, papier marbré, papier turc, damier, tigre, léopard, hébraïque*, f., *couronne impériale, musique, tulipe, fromage, tine, spéculation*, franç., Bruguière, 1792.

Cypræa (genre) (Linné). — **LA PORCELAINE.**

concha venerea, anc. nomenclat., Borel, *Antiq. de Castres*, 1639.

coquille de Vénus, conque de Vénus, huître de Vénus, franç., Gersaint, 1736.

porcelaine, f., franç., Borel, *Antiq. de Castres*, 1639; etc., etc. [Sur le mot *porcelaine*, dans le sens de coquille, voyez De Laborde, 1853, II, 465-473.]

pourceline, f., anc. fr., De Laborde, 1853, II, 468.

porcelain, m., franç., Labat, *Nouv. voyage aux isles*, 1722, VI, 411.

pourcelette de mer, f., franç. du xvie s. « Pourcelettes de mer blanches qui se vendent chez les parfumeurs. » *Romania*, 1904, p. 599.

piéoucélagi, m., *boucélano*, f., Provence, Achard, 1785.

pucelage, m., franç., Favart, 1775; etc., etc.

Cypræa moneta (Linné).

cauris, m. sing., *coris*, m. sing., franç., Savary, 1741. (Ce nom est d'origine exotique; dans divers pays on se sert de ce coquillage comme de monnaie. Voir Savary, s. v[o] *Coris*.)

cauris des Maldives, thorax, monnoie de Guinée, colique, f., franç., Dargenville, 1742; Favart, 1775. (Cette coquille guérit de *la colique*.)

Sur les cauris servant de monnaie, voir : Faddegon, *Sur les cauris* (dans *Tijdsch. van het Genootsch. vor Muntkunde*, 1905, 10 pages in-8; l'article est en français).

Cypræa pediculus (Pennant).

cypræa monacha, concha veneris exigua, anc. nomencl.

pouil de mer, m., fr., Constantinus, 1573.

pou de mer, m., français, DARGENVILLE, 1742.
sea-louse, nun, anglais, MENDES, 1778.

Cypræa arlequina (CHEMNITZ).

arlequine, f., franç., FAVART, 1775.

Turbo littoreus (LINNÉ). — **LE VIGNOT.**

vineau, m., anc. fr., PALSGRAVE, 1530.
vinol, m., *vinot*, m., *petit escargot de mer*, m., fr., DUEZ, 1664.
vignol, m., franç., CLAUDE D'ABLEVILLE, *Mission de Maragnan*, 1614, f[ot] 275.
vignolle, f., normand, au XVIIe s., HÉRON, *Muse normande*, 1895, V, 223.
vignot, m., franç., CAUCHE, *Relat. de Madagascar*, 1651, p. 67. — DUEZ, 1664. — Dieppe, Le Havre, FUR., 1708. — Calvados, JORET.
vigneu, m., Calvados, JORET.
vignô, m., Varengéville (Seine-Inf.), r. p. (Une autre espèce y est appelée *vigne*, f.)
vignôte, f., Fécamp, JOACH. MICHEL, *Causeries sur Féc.*, 1857.
vignètte, f., Carolles (Manche), LE BRETON, p. 37. — Coutainville (Manche), *Guide de Cout.*, 1890, p. 19. — Cherbourg, DUH., 1769.
guignette, f., Saintonge, DUHAMEL, 1769. — Noirmoutier, CAVOLEAU.
aguignètte, f., Côtes de l'Ouest, LESSON, *Fastes de la Char.-Inf.*, 1842, I, 72.
bigorne, français de Bretagne, LE GONIDEC (dans *Mém. de la Soc. des Antiq.*, 1823.
bigornet, m., Bretagne, BELON, 1555, p. 427.
bigorneau, m., *bigourneau*, m., franç., PALSGRAVE. — Bretagne, BELON, 1555. — Bretagne, Vendée.

bighërnô, m., *bigrënô*, m., Vendée, Côtes-du-Nord.
bourgot, m., *burgot*, m., franç., P. BOYER, *Voyage de Bretigny*, 1654, p. 302; DU TERTRE, *Hist. de l'isle de Saint-Christophe*, 1654, p. 260. — « On en tire une espèce de nacre appelée la burgaudine. » DU TERTRE.
bregaut, m., franç., CHAMPLAIN, *Voyages*, 1613, p. 52.
burgô, m., Noirmoutier, CAVOLEAU.
brigô, m., C.-du-N., SÉBILLOT, *Folkl. des pêcheurs*, 1901.
biornot, m., franç., LONGIN, *Voy. à la Guadeloupe*, 1848, p. 91.
férlik, m., Isigny (Calvad.), r. p.
calin, m., Bessin (Calvad.), JORET.
goge, f., Port-en-Bessin (Calvad.), JORET.
gogin, m., Trévières (Calvad.), JORET. — Grandcamp (Calvad.), r. p.
creûke, f., Namur, PIRSOUL. (Ce coquillage se trouve mêlé aux moules qu'on apporte à Namur.)
crike, f., montois, SIGART.
hâricrûte, f., liégeois, FORIR.
limaçon de mer, m., franç., JUNIUS, 1577.
budé, m., Pézenas (Hérault), MAZUC.
budou, m., Hérault, WESTPHAL.
bélin, m., Carolles (Manche), LE BRETON, p. 37.
pilò noir, m., Boulogne-sur-Mer, LABILLE, p. 158.
tord-goule, m., Jard (Vendée), L. CHARRIER, *Jard*, 1906, p. 64.
perroquet, franç., GERSAINT, 1736.

« Il a un dos de vignolle = il a le dos contrefait, bossu. » Normand, au XVIe s., HÉRON, *Muse norm.*, 1895, V, 223.
« Je fais cas de sa colère comme d'un bigorneau vide. » EM. SOUVESTRE, *Jean François l'indépendant*.
« Il nous prend pour des bigorneaux = *pour des imbéciles*. » DONOS, *Herma*, comédie, 1900, p. 39.
Bigorneau = soldat de marine; quand la mer se retire, ce

coquillage reste attaché à la côte; il en est de même du soldat de marine.

Sur une conversation que tient le brigot (*vignot*) avec le grappillon (= ?), en Bretagne française, voir SÉBILLOT (dans *Revue de linguist.*, 1881, p. 192).

Trochus (genre) (LINNÉ).

trochus, anc. nomencl. (Cf. *trochus* = toupie d'enfant en latin classique.)

virlitz, m., franç., BELON, 1555.

virli, m., franç., CHRESTIEN, *Venerie d'Oppian*, 1575, f[ot] 20, v[o].

vierli, m., franç., doc. de 1580, BAUDRIER, *Fourniture de la table de la Mayenne*, 1900, p. 11.

turbin, m., franç., DUEZ, 1664.

turbine, f., *sabot de mer*, m., franç., BOREL, *Antiq. de Castres*, 1649, p. 140.

turban, m., *cul de lampe*, m., Vendée, SERPEAU-DELIDON, *Guide aux Sables-d'Ol.*, 1873.

toupie, f., franç., J. BODIN, 1597, p. 456.

sabot, m., franç., MENDES, 1778; NEMNICH, 1793. (Au sens de toupie.)

coquille sabotée, f., franç., JUNIUS, 1577.

belouin, m., *gagne-pain*, m., *tourterelle*, f., C.-du-N., *Annuaire d. C.-du-N.*, 1842, p. 184.

éperon, *fripière*, *maçonne*, *cadran*, *escalier*, *bouton de camisole*, *perspective*, *télescope*, *dauphin*, *alêne*, *fraise*, *petit bouton*, *gueule noire*, *plote de beurre*, franç., noms de diverses espèces de *Trochus*, GERSAINT, 1736; DARGENVILLE, 1742.

Ceritium vulgatum (BRUGUIÈRE).

tutarèl, m., languedocien, BRUG., 1792.

Ceritium obeliscus (BRUGUIÈRE).

obélisque chinois, clocher chinois, franç., BRUG., 1792.

Ceritium (diverses espèces).

bouée, buire, cuiller à pot, cuiller d'ébène, popel, vis, vis noire, vis des marais, tonne de mer, fausse thiare, franç., BRUG., 1792.

Haliotis (genre) (LINNÉ). — **L'OREILLE DE MER.**

auris, bas latin, A. THOMAS (dans *Romania*, 1906, p. 169).
auris marina, patella major, anc. nomencl., MENDES, 1778.
auricularius, bas latin, H. SCHUCHARDT (dans *Zeitsch. f. roman. Philol.*, 1906, p. 719.
ourmeau, m., français de l'ouest, LE PELLETIER, 1752, col. 442.
ormeau, m., parisien, r. p.
ormé, f., Ille-et-Vil., C.-du-N., Belle-Ile.
oreille de madone, f., Languedoc, Mme L. FIGUIER, *Le gardian de la Camargue*. (Ce coquillage porte bonheur.)
oreille marine, oreille de mer, français.
aouri-o dé San-Pèy'ré, f., Provence, MISTR.
« Jamais ormé n'a passé dans le cul d'un chat. » C.-du-N., SÉBILLOT (dans *Rev. de Ling.*, 1881, p. 197).

Patella (genre) (LINNÉ). — **LA PATELLE.**

patella, marseillais latinisé, GILLIUS, 1533, p. 580. (Cf. *patella = lampadis species*, en lat. du m. â., selon DU C.).
lepas, lethea, anc. nomencl., WORM, *Museum wormianum*, 1655, p. 251.

patelle, f., franç., DUEZ, 1678; etc., etc.
lepada, f., Marseille, BELON, 1555, p. 396.
lapéta, f., Hérault, WESTPHAL.
alapéte, f., Cette, DUHAM., 1769, I, ch. 3, p. 95.
alapédo, f., prov., ACHARD, 1785. — B.-du-Rh., VILL.
arrapédo, f., provenç., ACHARD, 1785. — Marseille, *L'hermès marseillais*, 1826, p. 285.
alapede, f., *pagelide*, f., Agde, DUHAM., 1769, I, ch. 3, p. 93.
alapéa, f., niçois, PELLEGRINI.
arade, f., anc. f., J.-J. WECKER, *Secr. de nature*, 1663, p. 359.
lampotte, f., franç. dialect., DUHAM., 1769.
lonpotte, f., Yport, *Rev. d. tr. pop.*, 1905, p. 37. (On en fait des colliers pour les enfants.)
cuvette, f., franç. dial., DUHAM., 1769. — Mont-Saint-Michel, LE HÉRICHER, 1879.
jamble, m., anc. fr., docum. de 1460, DU C., III, 470. — Saintonge, PALISSY, cité par A. THOMAS dans *Romania*, 1897, p. 430. (PALISSY donne aussi le mot sous la forme orthograph. *gemble*.)
janbe, m., Arcachon, r. p. — Vendée, BOISSON, *Veillées vend.*, 1892, p. 243.
dyanbe, m., Char.-Inf., JÔNAIN.
pagélino, f., Aude, c. p., M. P. CALMET.
bernicle, f., franç., dial., DUHAM., 1769. — Gironde, *Voy. pittor. à la Tour de Cordouan*, 1847, p. 18. — Vendée, SERPEAU-DELIDON, *Guide aux Sables-d'Olonne*, 1873.
bernike, f., Bretagne, LE GONIDEC (dans *Mém. de la Soc. des Antiq.*, 1823.) — Asserac (L.-Inf.), CHIRON, *Monogr. d'Ass.*, 1897, p. 10.
brenike, f., Bretagne, LE GONIDEC (dans *Mém. de la Soc. des Antiq.*, 1823).
bërnî, f., Vendée, SERPEAU-DELIDON, *Guide aux Sables-d'Ol.*, 1873.
bërni, m., C.-du-N., SÉBILLOT (dans *Rev. de Ling.*, 1881,

p. 198). — Loire-Inf., ED. RICHER, *Descr. du Croisic*, 1823, p. 15.

béni, m., *bëni*, m., *b'ni*, m., Manche, Côtes-du-Nord.

benin, m., franç. dialect., DUEZ, 1678.

bêlin, m., Grandcamp (Calvad.), *Soc. d. Amis d. Sciences nat. de Rouen*, 1897, p. 376.

bëlin, m., *flhî*, f., *tériné*, m., Bessin (Calvad.), JOR.

berlin, m., Normandie, J. THIERRY, 1564.

berdin, m., Dieppe, BELON, 1555.

bredin, m., franç. dialect., DUHAM., 1769, I, 32.

flî, f., Dives (Calvad.), r. p. — Ille-et-Vil., SÉBILLOT.

œil de bouc, m., franç. dialect., BELON, 1555, p. 396.

bouclier, m., franç., FAVART, 1775.

bouné dé granadié, m., provenç., MISTR.

morpion de mer, m., Arcachon, r. p.

brennik, *brinnik*, *bernigen*, breton. [E. E.]

limpet, *flither*, *pap-shell*, anglais, MENDES, 1778.

La patelle se colle contre les parois des rochers avec une telle force, qu'il est très difficile de l'en arracher. — « *S'aganto pertout coumo uno arrapedo* = il se raccroche partout. » Provence, ACHARD, 1785. — « Il se cramponne *coumo uno arrapédo apountélado.* » Marseille, DÉCARD. *Revouiro de justiço*, 1878, p. 267. — « *Quéto alapédo* ! = quel crampon ! quelle glu ! » Provence, MISTR.

« Être collé comme un *beni* = *vivre avec une femme sans être marié avec elle.* » C.-du-N., SÉBILLOT (dans *Rev. de Ling.*, 1881, p. 198).

« Quand la paumelle (orge) est en épis Quitte la coque et prends la flie. » I.-et-V., SÉBILLOT, *Études maritimes.*

« Le mois de janvier est appelé *génaro patélaro* parce que c'est un mois calme où l'on peut recueillir des patelles. » Menton, ANDREWS.

« *Brenicle !* terme de refus », franç. popul. en 1728, SAINEAN, 1907, p. 215. — « *Bernique !* » même sens aujourd'hui.

Pileopsis (genre) (LAMARCK).

capulus, capulus mitrata, patella ungarica, calyptrà, diverses nomenclatures.
bonnet de dragon, bonnet de fou, bonnet de Momus, franç., FAVART, 1775.
cabochon, bonnet hongrois, franç., BRUGUIÈRE, 1792.
fool's cap, bonnet, anglais, MENDES, 1778.

Oscabrion (genre) (LINNÉ).

chiton, nomencl. de LAMARCK.
jambe plate, f., île de Ré, KEMMERER.
oscabiorn, dialecte d'Islande, WORM, *Museum wormianum,* 1655.

Helix (genre) (LINNÉ). — **L'ESCARGOT.**

(Voy. *Faune popul.*, t. III, p. 193.)

Noms de ce mollusque :

limax, limox, limaca, limica, limacia, testitudo, testudo, testugo, cochlea, cogolha, chelis, marrueca, maruecia, imbrex, imbrix, perna, domiporta, centes, centus, recenteus, lat. du m. â., DU C.; DIEF.; GRAFF; HESSELS; MATHAEUS SILVAT.; STEINM.; GRIMM, s. v° *schnecke ; Germania,* 1875, p. 141; *Romania,* 1900, p. 166.
éscarabott, m., limousin, MISTRAL. (L'escargot est revêtu d'une carapace dure comme le *scarabée.*)
éscarabol, m., *éscarbouol,* m., *écrobol,* m., *escoroouol,* m., Limousin, Lot, Aveyron.

éscaragol, m., *éscagarol*, m., H.-Gar.
éscargoli, m., Sabres (Landes), c. p. M. Ed. Edmont.
éscaragoou, m., *éscargaou*, m., *éscarghéou*, m., dauphinois, provenç., langued.
éscarghël, m., *éskèrgole*, f., *èscargäü*, m., *éscarghéy'*, m., Bourgogne, Lorraine.
éscargula, f., Annecy, Const.
éscarpe, f., Palaiseau (S.-et-O.), r. p.
ékèrbò, m., *échèrbò*, m., Calvados, Mayenne.
éscardon, m., Coulombs (S.-et-M.), r. p.
escaragot, m., *escargot*, m., anc. fr.
éscaragott, m., Aude, H.-Gar.
éskèrgô, m., *éscorgô*, m., *ascorgô*, m., *ascargô*, m., *éstargò*, m., *éstèrgò*, m., *achtargò*, m., *échtrèga*, m., *étsèrgô*, m., *éstragô*, m., *éstèrgoou*, m., *éstragou*, m., *éscagò*, m., *écargô*, m., en divers patois de Champagne, Lorraine, Fr.-Comté, Bresse, Dauph.
méscargô, m., Custines (Meurthe), Adam.
éscarghin, m., S.-et-L., Fertiault.
estragot, m., Tonnerre (Yonne), doc. de 1592, *Cabinet histor.*, 1856, p. 29.
igorgô, m., Thiers (P.-de-D.), r. p.
icarnò, m., Courtisols (Marne), Guénard.
caracole, f., P.-de-C., Nord, Belg. wall.
caricole, f., Wasmes (Belg.), *Le Farceur du 23 sept. 1894.*
caragaou, *cagarol*, *cagaraou*, *caragaoudo*, f., *cagarott*, m., *cagaraoutt*, *cagaraoula*, f., *cagaraoulo*, f., *cagalaoura*, f., *cacalaouzo*, f., *cacalaou*, m., en divers pat. de Provence et de Languedoc.
carcoli (accent sur *co*), m., *carcol*, m., *carcolh*, m., *carcoou*, m., en div. pat. d'Ariège, H.-Gar., H.-Pyr., B.-Pyr.
carcalou, m., Centre, Jaub.
cacalhou, m., Verquigneul (P.-d.-C.), c. p. M. Ed. Edmont.
carcari, m., Argenteuil, Champignelles (Yonne), Joss.

ghërghèsse, f., C.-d'Or, Clément-Janin, 2e partie, p. 26.
carcasson, m., Savigny-en-Terre-Pl. (Yonne) Joss.
cracasson, m., Athie (Yonne), Joss.
garghiya, m., Montbard (C.-d'Or), r. p.
garghilhi, f., lyonnais, Puitsp.
ouérghëy', m., *ouérgòy'*, m., Pays-Messin, D. Lorrain.
càgou, m., Collan (Yonne), Joss.
cagoule, f., Champagne.
cagoulhe, f., anc. gasc., *Arch. hist. de la Gir.*, t. XI, au gloss. — Jarnac (Char.), Burgaud des M. — Saintonge, Boucherie. — Vienne, Mauduyt.
cocòy', f., Centre, Jaubert.
cargogò, m., Meuse, Labour.
canigô, m., Saint-Sauveur (Yonne), Joss.
manigô, m., Bléneau (Yonne), Joss.
miragô, m., Bligny-en-O. (Yonne), Joss.
mirabô, m., Cruzy-le-Ch. (Yonne), c. p. M. Ed. Edmont.
nigogò, m., Rainville (Vosges), r. p.
vagô, m., Vienne, Mauduyt.
niton, m., Les Ponts de Martel (Suisse rom.), c. p. M. Ed. Edmont.
tangône, m., Serres (Meurthe), Adam.
mastangône, f., Moncel-sur-Seille (Meurthe), c. p. M. Ed. Edmont.
méstangò, m., Manoncourt (Meurthe), Adam.
mésgangoë, m., Mailly (Meurthe), Adam.
gangô, m., Pexonne (Meurthe), Adam.
goûga, m. (nom enfantin), Pays-Messin, D. Lorrain.
côrkëlhe, f., Arbois (Jura), r. p.
cocriy', f., Dosches (Aube), *Annuaire de l'Aube*, 1880, p. 168. — Doubs, Bouchot, *Contes francs-comtois*, 1887, p. 139.
couclyë, m., env. d'Annecy, Const.
crokiyon, m., Meuse, Labourasse.
caclik, m., Somme, Ledieu.

crocriyò, m., *couk'niy'*, f., franc-comtois, DARTOIS.
cozolo, f., Sarlat (Dordogne), COLAS.
couass'ron, m., L'Etivaz (Suisse rom.), c. p. M. ED. EDMONT.
limat o escailles, m., anc. fr., doc. de 1464, GOD.
lymat en coque, m., anc. fr., GŒUROT, s. d. (vers 1520), f[et] 22, v°.
lima à coque, m., Eure-et-L., CHAPISEAU, I, 277.
limat à coquille, m., franç., *Jardinier françois*, 1654, p. 98.
lima à bogue, m., Sucé (Loire-Inf.). c. p. M. ED. EDMONT.
lymatz, m., anc. fr., *Rec. de poés. fr.*, IV (1856), p. 271.
limac, f., *lhimatz*, f., *limassa*, f., anc. provenç., RAYN.
limak, m., B.-Pyr., LESPY. — T.-et-G., CASSAGNAOU, *Fantesios*, 1856, p. 141. — H.-Gar., NOULET.
limaouca, f., Aspiran (Hérault), ESPAGNE, *Prov. d'Asp.*, 1873.
limatt, m., Agen, GASSIES, *Mollusques de l'Agenais*, 1849.
limat, m., *limas*, m., anc. fr., GOD.; BILLON, *Fort du sexe fém.*, 1555, f[et] 54; RUSÉ, 1560, f[et] 135; etc., etc.
lima, m., Dordogne, Deux-Sèvres, L.-et-Ch., Sarthe, May., I.-et-V., Loire-Inf., Guernesey.
alima, m., Chalus (H.-Vienne). c. p. M. ED. EDMONT.
limaou, m., Lot-et-G., T.-et-G.
luma, m., Vienne, Vendée, Deux-S., Indre, L.-et-Ch.
limar, m., Verdes (L.-et-Ch.), r. p. — Vinzelles (P.-de-D.), DAUZAT (dans *Rev. d. tr. pop.*, 1898, p. 393). — E.-et-L., r. p.
lumar, m., Brulon (Sarthe), r. p.
çan˜càyimar, m., Paulhaguet (H.-Loire), c. p. M. ED. EDMONT.
limaça, f., Nice, Menton, Grasse, Hautes-Alpes.
limaço, f., Var, B.-Alpes, Ardèche, H.-Alpes.
limace, f., anc. fr., GUY DE CHAULIEU, éd. Nicaise, p. 181; RUTEBEUF, cité par GOD.; ODORIC DE PORDENONE, *Voy. en Asie*, éd. Cordier, p. 188; etc., etc.
limazé, f., Lozère, *Soc. d'agr. de la L.*, 1850, p. 212.

lëméce, f., env. de Belfort, VAUTHERIN.

l'mace, f., env. d'Annecy, CONST.

parpalhimache, m., Les Ternes (Cantal), c. p. M. ED. EDMONT.

limazun, m., franç. du XIIIe s., P. MEYER (dans *Romania*, 1903, p. 94.)

limaciun, m., anc. fr., PANNIER, *Lapidaires*, 1882, p. 60.

limaçon, m., anc. fr., ARNOUL, 1517; RUSÉ, 1560; etc., etc.

limaçon à coquille, m., DE PLANIS CAMPY, *La vérole*, 1623, p. 123.

limaçou~, m., niçois, SÜTTERLIN, p. 341.

limeçon, m., anc. fr., CHASSANT, *Vocab. du XIIIe s.;* etc., etc.

limechon, m., anc. fr., *Adevineaux amour.*, s. d. (XVe s.). — Somme, BIZET, *Malacoz. de Pic.*, 1892, p. 35.

limichon, m., anc. fr. du Nord-Est, J. LE SAIGE, *Voy. de Douay à Hierusal., en 1518.* — Somme, BIZET, *Malacoz. de Pic.*, 1892.

limuchon, m., Tourcoing, WATT.

lémuchon, m., Hesdin (P.-de-C.), r. p. — Saint-Pol (P.-de-C.), c. p. M. ED. EDMONT.

lëm'chon, m., Meuse, LAB.

lum'chon, m., Aisne, c. p. M. L.-B. RIOMET.

lum'çon, m., liégeois, *Wallonia*, 1898, p. 48.

lémichon à caclike, m., Somme, LEDIEU.

lèm'si, m., Pays-Messin, ZEL.

lèm'su, m., Vandœuvre (Meurthe), c. p. M. R. FOURÈS.

mulçon, m., Maxey-s.-V. (Meuse), *Soc. d. lettres de Bar-le-D.*, 1901, p. 83.

mëlçon, m., Liverdun (Meurthe), AD. — Meuse, LAB.

iminchon, m., Brailly (Somme), c. p. M. ED. EDMONT.

lich'mon, m., Quarouble (Nord), c. p. M. L.-B. RIOMET.

calima, m., Avon (S.-et-M.), r. p.

calimaçon, m., Calvad., Orne, S.-Inf., S.-et-O., Loiret.

calimachon, m., Manche, Calvad., S.-Inf., Somme.

calimichon, m., Ramecourt (P.-de-C.), c. p. M. ED. EDMONT.

calémuchon, m., *calibô*, m., Boulogne-s.-M., HAIGN.
calémuchon à hotte, m., Desvres (P.-de-C.), HAIGN.
colimasson, m., anc. fr., doc. de 1529, GOD.
colimaçon, m., franç. popul., *Dict. de Trév.*, 1752; etc., etc.
caillemasson, m., env. de Rouen, doc. de 1390, CH. DE BEAUREPAIRE, *État d. camp. en Norm.*, 1865, p. 246.
cårmuçon, m., Haraucourt (Somme), c. p. M. ED. EDMONT.
carmichon à hotte, m., Talmontiers (Oise), c. p. M. ED. EDMONT.
cazé, m., Marne, c. p. M. E. MAUSSENET.
boûchò, m., Gaye (Marne), GUÉNARD.
boûti, m., Courtisols (Marne), GUÉNARD.
magnin, m., Mâcon, *Lexique*, 1903.
cornichon, m., Aubigny-s.-N. (Cher), r. p.
cornichan, m., Marquion (P.-de-C.), r. p.
cornar, m., Meuse, LABOURASSE.
cabirol, m., Aude, JORDANNÈ.
bavou, m., Deux-Sèvres, LATHIUBE, *Contes en poitevin*, 1899, p. 94.
moule, f., dép. de la Vienne, MAUDUYT.
willox, m., *willo*, m., anc. fr. du Nord-Est, GOD., VIII, 334; LABORDE, 1853, II, 546.
ch'nèk, m., Bournois (Doubs), ROUSSEY. — Péry (Suisse rom.), c. p. M. ED. EDMONT. (D'origine allemande).
coquillard, m., *cornard baveux*, m., *légiste*, m., argot, BRUANT, 1901.
lantuèze, m., jargon de Razey près Xertigny (Vosges), r. p.
Tardif, m., nom facétieux qu'on lui a donné au m. â., MARTIN, *Roman de Renart*, passim; DE BOUTEILLER, *Guerre de Metz*, 1875, p. 336.
crutche, f., Fort-Mardyck (Nord), c. p. M. ED. EDMONT.
huître de gueux, f., mot facétieux, L. RIGAUD.
huître de Champagne, f., franç., *Soc. acad. de l'Aube*, 1897, p. 78.

bovolo, bovoleto, Venise. — *caj*, Frioul. — *sizzicòrru*, Sardaigne. — *babbaluciu, babbalucia, mammalucu*, Sicile.

huis-slek, hof-slek, schelp-slek, flamand.

On trouvera d'autres noms de l'escargot dans GILLIÉRON et EDMONT, *Atlas linguist.*, carte 481.

« L'ensemble des escargots et des limaces est appelé : *la limakère.* » B.-Pyr., LESPY.

La coquille de l'escargot est appelée :

concha, latin de COLUMELLE.

cochlea, coclea, cocleum, colchea, cloaca, lat. du m. â., DIEF.

coque, f., *coquille*, f., *coquerille*, f., *escalope*, f., *cruise*, f., anc. fr., GOD.

cocasse, f., franç. du XVIe s., REMY BELLEAU, éd. Gouvern., III, 163.

cakizotte, f., Vignot (Meuse), VARLET.

cocale, f., Bagnard (Suisse), CORNU.

kicouaro, f., dauphinois, MISTRAL.

kicoro, f., Var, MISTRAL.

cruque, f., Iles normandes, c. p. M. ED. EDMONT.

écale, f., *écàyètte*, f., Pas-de-C., c. p. M. ED. EDMONT.

écày', f., Aisne, c. p. M. L.-B. RIOMET.

écrafe, f., *crafé*, m., *crafày'*, f., Lorraine, c. p. M. ED. EDMONT.

crouvèou, m., Provence, c. p. M. ED. EDMONT.

clobä, f., Collioure (Pyr.-Or.), c. p. M. ED. EDMONT.

caclotte, f., *cacluchotte*, f., Vienne, c. p. M. ED. EDMONT.

gruèyo, f., Provence, MISTRAL.

closca, f., Grabels (Hér.), CHASSARY, *En terra galesa*, 1895, p. 168.

clésco, f., Lézignan (Aude), *Rev. des langues rom.*, 1897, p. 297.

closs, m., Hérault, c. p. M. ED. EDMONT.

chasse, f., anc. fr., LABORDE, *Émaux*, 1853, II, 195. « Comme en sa chasse limaçon. »

scafiotte, f., *esconne*, f., *lèhôgne*, f., *hangne*, f., en div. pat. de la Belg. wall., c. p. M. Ed. Edmont.

On trouvera d'autres noms de la coquille d'escargot dans Gilliéron et Edmont, *Atlas ling.*, carte 322.

« On appelle *escargottière* le lieu où l'on parque les escargots. » Du Pinet, 1625, I, 282.

Toponomastique :

L'Escargot, loc. des B.-du-Rh., Mortreuil.

La Cagouille, loc. de la Dordogne, De Gourgues.

La Cagalauze ou l'*Escargot*, loc. des env. d'Arles, Revel du Perron.

La Limasse, *La Limassole*, ruisseaux de la Drôme, Brun-Durand.

La Limaquère, nom d'une lande à Baigts (B.-Pyr.), en 1675, Raymond, 1863.

La Houn dé Goa-dé-Limak (= fontaine du gué des limats), lieu-dit près Orthez, c. p. M. L. Batcave.

Les Moulins du Limaçon, loc. près de Beauvais, Desjardins, *Arch. eccl. de l'Oise*, 1878, I, 9.

Le Trou-Limaçon, lieu-dit à Châlons-sur-Vesle (Marne), c. p. M. E. Maussenet.

La Fontaine de Limaçon, loc. de Seine-et-M., Lemaire, *Arch. civ. de S.-et-M.*, 1863, I, série E, p. 168.

La Porte-Limaçon, nom d'une ancienne porte à Beauvais.

La Rue de la Limace, anc. rue de Paris, Sauval, *Antiq. de Paris*, 1724, I, 146.

L'Hôtel des Limaçons, *L'Hôtel de la Limace*, anciennes maisons à Compiègne, Bazin, *Topogr. de l'anc. Comp.*, 1905, p. 202 et p. 205.

Le Tombeau des Escargots, nom d'une guinguette à La Villette (Paris), Guixou-Pagès, *Les Gars de la Villette*, 1901, p. 86.

Enseignes :

A la Limace, anc. ens. à Paris, *Revue archéolog.*, 1855, p. 7.

A l'Escargot d'Or, ens. actuelle d'un marchand de vins dans la rue Montorgueil, à Paris, r. p.

A la Renommée des Escargots, ens. d'un marchand de vin à Reims, c. p. M. L.-B. Riomet.

« Manger des escargots fait boire; ce qui fait que beaucoup de marchands de vins en vendent tout préparés. Chez un grand nombre d'entre eux, à Paris, il y a en montre des chapelets de coquilles d'escargots. »

Onomastique :

Escaraguel, Escarguel, Escargueil, Caraguel, Coquille, Coquerille, Coquerillat, noms de famille.

« *Limasson* = auge à boire dans la cage d'un oiseau. » *Recueil de toutes les sortes de chansons*, Lyon, 1555. (On se servait sans doute, pour cet usage, de coquilles d'escargot.)

« *Escargot* = lampion. » anc. argot, L. Rigaud. — « Il était autrefois d' mode de remplir d'huile des coquilles d'escargot, de les munir d'une mèche et d'en composer de charmantes illuminations. » Ravanat, *Grenôblou hérou de Blanc la Goutte*, 1890, p. 32.

« *Cochlea* = escalier tournant. » lat. classique. — « *Lumaca* = même sens. » l. du m. â., Ch. Schmidt, *Suppl. à Du Cange*, 1906. — « *Degré à limaçon* = escalier tournant. » Duez, 1664. — « Escalier en *limaçon* = même sens. » *Dict. de Trév.*, 1752. — « *Colimaçon* = même sens. » Ricard, *Le Tapageur*, 1841, II, 421. — « *Caracol* = même sens. » Valenc., Héc. — « *Limaçon* = chemin en zigzag. » En divers endroits.

« *Escargot* = esp. de danse, branle ou galop. » Hérault, Mme L. Figuier, *Mas de Lavène*, 1859, p. 44. « *Cagaraou*, m., = esp. de danse. » Aude, c. p. M. P. Calmet.

« Il avait le chef coiffé d'une *casquette en limaçon*, plantée de biais. » Duquesnel, *La Duchesse Éva*, 1906.

« *Faire des caracols* = faire des tours et des détours. » Valenciennes, Héc.

« *Cagouille* = volute servant d'ornement au haut de l'éperon d'un navire. C'est le mot du Sud-Ouest, *cagouille* = escargot. » A. Thomas (dans *Romania*, 1900, p. 166). — « *Limaçon* = espèce de voûte, quand quelques trompes y aboutissent en limaçon. » *Dict. de Trév.*, 1752. — « *Limaçon* = cercle tourné spiralement et divisé en douze degrés pour régler les coups de marteau d'une répétition. C'est un terme d'horlogerie. » *Dict. de Trév.*, 1752.

« *Aide-cargot, escargot* = aide de cuisine. » Argot, Bruant, 1901.

« La cavalerie françoise qu'on estime la plus belliqueuse du monde, ne semble elle pas quelquefois fuir, ou à tout le moins estre saisie de crainte, *faisant les retours du limaçon*, mais c'est alors qu'elle se monstre plus courageuse que jamais si elle trouve prinse sur son ennemy. » Josse, *Déroute de Babylone*, 1612, p. 639.

« *Limaçon* = manœuvre en cercle des gens de guerre. » Duez, 1664.

« On appelle *ongle de carcolh* une déformation de l'ongle qui semble propre aux cagots, qui est héréditaire, et qui s'accompagne souvent de symptômes caractéristiques de la lèpre. » B.-Pyr., Fay, *Lèpre dans le Sud-Ouest*, 1907, p. 65. (Une gravure accompagne le texte, représentant la dite déformation.)

« *Aide-cargot* (= aide de gargote) ou par corruption *escargot* = aide de cuisine », argot, Bruant, 1901.

« *Escargot* ou *sergot* = sergent de ville, » argot, LERMINA, 1897, p. 137.

« *Limakéya* = lambiner. » B.-Pyr., LESPY. — « Plus tardif qu'un limaçon. » J. THIERRY, 1564. — « *Quel luma!* = quel lambin! » Centre, JAUB. — « Arrivez donc, colimaçon à trois coquilles.... » ISID. CHASLES, *Avent. du capit. Pétaillon*, 1891, p. 60.

« Autant chemine un homme en ung jour comme ung limas en cent ans. » Anc. fr., LA VÉPRIE. — « Eytan camino un buou en un jour qu'uno limasso en cent ans. » Provence, au XVIIe s., *Bugado prov.*

« Si tost qu'un autre vient à Pasques limaçon. » Anc. fr., *Poètes de Champagne*, 1851, p. 33. — « Tu as beau courir, tu n'arriveras pas plus vite à Pâques que le colimaçon. » Nièvre, r. p.

« Tant marcho l'olima coumo lou saoutobou = autant marche l'escargot que la sauterelle. » Cantal, *Rev. d. tr. pop.*, 1886, p. 376. — « *Val maï una limaouca Que lou gril quand saouta* = mieux vaut un limaçon que le grillon quand il saute. » Lodève (Hér.), ESPAGNE, *Proverbes d'Aspiran.*

« Faire comme le limas qui met trois jours pour monter à la cime d'un chou, tombe et crie : *Au diable la hâte!* » Bas-Limousin, CHAMPEVAL.

« Il va comme un lima dans les gapiers (*tas de balles d'avoine*) = il marche difficilement. » Centre, JAUB. — « Elle est prompte comme un limas dans du son. » Ille-et-V., c. p. M. CH. LECOMTE.

« Aiço és la casso dé las cagaraoulos, tant dé vis, tant dé pris = *c'est la chasse des escargots, autant de vus, autant de pris; à tout coup l'on gagne.* » Languedoc, D'HOMBRES.

« Traço toun silloun coumé un cagaraou et laïsso-mé m'està (laisse-moi tranquille). » Provence.

« Cette année beaucoup de personnes s'élèveront avec autant d'adresse et plus promptement qu'un limaçon qui gagne enfin le sommet de l'arbre le plus élevé. » *Etrennes de Bobêche*, 1816.

« Limassos e fremos à vendré, miés courron, miés si fan prendré. » Provence, XVIIe s., *Bugado prov.*

« Un escargot avait mis sept ans pour passer un pont. A peine arrivait-il de l'autre côté, le pont s'écroula : Ah! dit l'escargot, ce que c'est que d'être leste!... Sans cela, j'étais perdu! » Nièvre, *Etrennes nivernaises*, 1895.

« Il a monstré les cornes comme le limaçon qui sort de sa coquille quand le temps est serain et imité cet animal qui fait cognoistre son train (son passage) au clinquant de sa bave argentine. » J.-P. CAMUS, *Éclairciss. de Meliton*, 1635, p. 219.

« Ce sont vestiges de limaçons qui brillent comme argent et ne sont que bave. » J.-P. CAMUS, *Homélies quadragésim.*, 1615, p. 184.

« Plus baveuses qu'escargots = *médisantes.* » XVIIe s., CYRANO DE BERGERAC, éd. Jac., p. 220.

« Un mes après, fasiè de verses que tenièn sus sous pèses couma lou chival de brounze e poulits, poulits à faire bavà las cagaraulas dins quatre dets de poussièira, pèr 42° à l'oumbra. » Montpellier, *La Campana de Magalouna* du 31 oct. 1898.

« *Limachous, limaouchous* = baveux. » Languedoc, SAUV., 1785.

« *Escaragaou* = crachat. » Provence, AVRIL. — « *Lumacone* = crachat. » Ital., DUEZ, 1678.

« Quand chacun y eut affigé son escargot = *dit son mot, mis son grain de sel.* » DUROC-SORT-MANNE, *Nouveaux récits*, 1573, f^et 32, v°.

« *Le cul lui va comme à un luma* = il se dandine. » Vendée, *Rev. du traditionn.*, 1906, p. 181.

« Troussée comme une escargotte. » XVIe s., PIERRE DE L'ESTOILE, *Mém.*, éd. de 1875, XI, 281. — « Retroussé comme un lima qui va aux fraises (1). » Vendômois, MARTELL.; Eure-et-L., CHAPISEAU, 1902, II, 322. — Les intelligences comme limaz sortant des fraires. » Anc. fr., *Rev. des études rabelais.*, 1906, p. 51.

« *Courdouniè per cacalaous* = personne qui exerce un métier invraisemblable, imaginaire. » Provence. *Arm. prouv.*, 1896, p. 45.

« Contre la nuyt s'esmeuvent les limaçons. » Anc. fr., LA VÉPRIE; LANGLOIS. — « A vespre se movent li limasceons. » Anc. fr., LE ROUX DE LINCY. — « Contre la nuit s'arment les limaçons. » COTGR., 1650.

« *Vivre en colimaçon* qui profite de l'orage pour souiller les fruits et les fleurs et se retire ensuite seul dans sa coquille. » *Vie de garçon dans les hôtels garnis*, 1823, p. 196.

« Après la pléjo lou cagaraou sourtis et lou caquet après lou bi (*vin*). » Languedoc, *Armana de Leng.*, 1877.

« *Brume limakère* = brouillard humide qui fait sortir les escargots. » *Vallée du Lavedan*, CORDIER, 1878. — « *Brume carcoulère*, f., = même sens. » B.-Pyr., c. p. M. L. BATCAVE.

« *Et soulèy des caracolhs* = soleil accompagné de pluie. » Luchon (H.-Gar.), c. p. M. B. SARRIEU. — « *Lou soulél dei limaous* = même sens. » Montauban, c. p. M. B. SARRIEU.

« Le tambour des escargots = le tonnerre. » En beaucoup d'endroits.

« Cabbat la sègue après l'aouratye lou limac qué prén couratye. » Estang (Gers), *Alman. de la Gasc.*, 1901, p. 49.

« Pareil aux escargots qui estouffent parmi les roses et ne se plaisent que dans le fumier et l'ordure. » J.-P. CAMUS, *Le verger historique*, 1644, p. 197.

(1) L'escargot, quand il est en marche, a l'air de retrousser sa robe, c.-à-d. sa coquille.

« *S'encacalaouzà* = s'enfermer chez soi comme un limaçon dans sa coquille. » Provence, MISTR.

« *Ostrogot* = homme qui ignore les usages, les bienséances. » DELOSME DE MONTCHENAY, *Le Phénix*, comédie, 1691; LÉVÊQUE, *Sancho-Pança*, 1738, p, 15. (Corruption du mot *escargot? L'ostrogot* serait l'homme bizarre qui ne sort pas de chez lui comme l'escargot, qui ne voit personne?)

« Ils tiennent à leurs écus comme un limaçon à sa coquille. » MÉROUVEL, *Chaste et flétrie*, s. d. (vers 1895), p. 352.

« On dit à un vieux : *quitte ta maison, viens demeurer chez nous.* Il répond : *est-ce que les escargots changent de coquille à mon âge ?* » Ain, P. BOURNE, *Fin du vieux temps*, 1885.

« Il entendit qu'il y avait du monde dans la roulotte : *ah! dit-il, les escargots n'ont pas changé de coquilles.* » SPITZMULLER, *Crime du Procureur*, 1907.

« Et comme en sa coquille on voit un limaçon, Qui se paist de son suc à faute de rozée, J'avalle ma colère ou la tourne en rizée. » DU LORENS, *Satyres*, 1624, p. 162.

« Ratirè (= *ratatiné*) comme eune caracole. » P.-de-C., c. p. M. ED. EDMONT.

« Le limaçon vit de son suc au défaut d'autre aliment. » BINET, *Œuvres spirit.*, 1620, p. 51. — « Un escargot peut vivre sept ans sans manger. » Ineuil (Cher), r. p. — « Hausser nostre chevet avec une escabelle, Estre deux ans à jeun comme les escargots.... » *Œuvres de Saint-Amand*, 2e partie, p. 67.

« On appelle les habitants de Saint-Julien (près Marseille) : les *manjo-caragaoudo.* » MISTRAL. — « On appelle *limaoucày'rés* les gens de Lectoure. » MISTR.

« Celui qui ne mange pas d'escargots la nuit de Noël ne deviendra jamais riche. » Deux-Sèvres, A. GAUD, *Grand' mère Toinon*, 1897, p. 81.

« *Més baou éra saoussa qu' éts carcolis* = mieux vaut la sauce que les escargots, la sauce que le poisson. » H.-Pyr., *Souvenir de Bigorre, recueil mensuel*, 1899, p. 330.

« *Menger des limas au sabras* = à certaine sauce ? » XIIe s., *Romania*, 1906, p. 394.

« Tu es comme un escargot, tu n'as que la langue de bonne = *tu ne sais qu'une chose, bavarder.* » Aube, L. MORIN.

« Les escargots sont-ils chair ou poisson et peut-on en manger en caresme? (*Le prêtre répond :*) Vous pouvez en manger en caresme sans scrupule, mais donnez-vous garde des cornes. » XVIe s., G. BOUCHET, *Serées*, éd. Royb., V, 38.

« Quand on touche les cornes du limaçon, il se resserre dans sa coquille. » J.-P. CAMUS, *Animadversions*, 1642, p. 111. — « Et ses filles Comme des limaçons rentrent dans leurs coquilles. » CHEVREAU, *Poésies*, 1656, p. 48. — « Vous n'êtes pas le premier limaçon qu'on fait rentrer dans sa coquille, après lui avoir fait montrer les cornes. » BARANTE, *Les fées ou contes de ma mère l'oye*, comédie, 1697, p. 26. — « On montre les poings à la justice, alors elle montre ses cornes. » *Journ. de guign.*, Lyon, 1887.

« Je ne prendrai jamais pour mari un homme qui a le privilège, comme les colimaçons, de porter sa boutique sur son dos ; ces gens-là déménagent trop facilement. » HENRION, *Drelindindin*, comédie, 1802, p. 15. — « Avoir tout son bien sur le dos comme les escargots. » G***, *L'innocente*, vaudeville, 1818. — « *Escargot* = vagabond; il porte tout ce qu'il a sur le dos. » Argot, VIDOCQ, 1827.

« *Il a le dos comme un limaçon* = il est bossu. » *Muses incognues*, 1604, réimpr. GAY en 1862, p. 48.

« Il est avare comme un colimaçon. » BALZAC, *César Birotteau*.

« Trop plus orgueilleux que limaches. » J. MOLINET, *S'ensuyt le testament de la guerre*, s. d. (XVIe s.).

« Les escargots, n'ayant pas d'yeux, vont tatonnant leur chemin avec leurs cornes étendues. » A. du Pinet, *Miracles de nature de Lemne*, 1566, p. 285.

« Le limaçon procède lentement et ne touche chose si premierement avec ses propres cornes ne s'asseure en tentant le lieu ou le terrier par lequel il a de prendre ses erres. » G. Meurier, *Similitudes*, 1583, p. 13. — « Soupçonneux comme le limaçon. » Comminges, *L'élection sentimentale*, 1904.

« *Diu quénse garde de cops de pè de bermi et de cournasseyades de limac !* = Que Dieu nous garde des ruades du ver et des coups de corne du limaçon ! » Arrens (H.-Pyr.), c. p. M. M. Camélat.

« Être bouché comme un escargot = *être niais.* » *La Gaudriole*, 1892, p. 247. — « Tu as l'innocence de l'escargot. » Beaujoint, *Nuits de Paul Niquet*, s. d. (vers 1855).

« Ma voix s'éteint, mes yeux se vitrent comme font ordinairement d'ignobles limaçons à coque quand fuit le tempus amandi. » *Le petit tintamarre*, 1857, p. 177.

« Soun accouplas coumo léy escaragots déy coualos. » Toulon, La Sinse, *Vie provençale*, 1874, p. 69.

« Comme le limaçon dans sa coquille, il se contente de s'engraisser. » A. Clerc, *Frère Nicéphore*, s. d. (vers 1895), p. 72.

« Dormir comme un colimaçon. » Bauchery, *La cardeuse de matelas*, 1840.

« Je deviens muet comme une limace. » A. Gramet, *Le doigt coupé*, opérette, 1899, p. 15.

« *Ha le lima sourd* = faire le sourd comme un limaçon. » B.-Pyr., doc. de 1796, Lespy, *Prov.* — *Limassourd, limachourd, limichourd* = sournois. » B.-Pyr., c. p. M. L. Batcave.

« *Lime sourde* = sournois », argot, Fr. Michel, *Et. sur l'argot.*

Au xe s. on écrivait contre un moine l'invective suivante :

Sedens in conclavi monasterii cornutum se putat, secundum proverbium Aristotelis, quo ait : *Limax in suo conclavi cornupeta sibi videtur, seque putat cursu timidis contendere damis.* Sur ce proverbe voyez Julien Havet dans *Revue de Philologie*, 1887, p. 123-124.

« La couleuvre ne fait pas d'œufs ; pour donner naissance à de petits couleuvraux elle couve des œufs d'escargot. » Clerval (Doubs), r. p.

Pour l'engager à sortir ses cornes on chante à l'escargot :

« Colimaçon borgne, Montre-moi tes cornes. Si tu n' me les montres pas, Tu ne connaîtras pas ton père ni ta mère. » P. de Kock, *Chipolata*, 1845, I. 215. — « Escargot, virago, Montre-moi tes cornes ; Si tu n' me les montres pas, Je l' dirai à ton maître, Qu'il te coupe la tête Entre deux écuelles. » Nisard, *Curios. de l'étymol.*, 1863, p. 61. — « Colimaçon borgne, Montre-moi tes cornes ; Si tu n' veux pas m' les montrer Je le dirai à monsieur le curé. » Eu (Seine-Inf.), r. p. — « Colimaçon borgne, Montre-moi tes cornes. J' te dirai où est ton père et ta mère ; Ils sont dans les fosses A cueillir les roses ; Ils sont dans les trous mangés par les loups. » Saint-Martin-du-P. (Nièvre), r. p. — « Échtréga, échtréga, Môtre me tes écouenes, Je te môtrerai ton père et ta mère Qui sont sur le pont de Rome Qui mindjant du pain meusi. *Var. des deux derniers vers :* Qui sont darie chie Geourdje Qui mindjant di pain d'ouerdje. » Env. de Belfort, Liblin. — « Éscardon, éscardon, Montre-moi tes cornes ; J' te dirai où éss sont tes père et mère ; Éss sont dans le fonds d'un puits A manger du pain béni. » Coulombs (S.-et-M.), r. p. — « Cornichon, limaçon, Fais-moi voir tes cornes ; J' te f'rai voir ton grand-père, Ta grand'mère Au faît (faîte) des grandes portes. » Aubigny (Cher), r. p. — « Laouro, laouro, caragot, Qué ta mayr' es morto, Sus un pé de porto, Qué toun payr' es biou Sus un pé d'ouliou. » Aude, JOURDANNE, p. 39.

« Lémichon borgne, Montre-moi tes cornes; J' te dirai où ta grand'mère est morte. Elle est morte à Domart, din! don! don! » Demuin (Somme), LEDIEU, *Monogr. de Dem.*, 1892, III, 40.

« Escarguin, escargo, Montre-moi tes cornes; J' t'enseignerai ton père et ta mère Qui sont sur la Saône Qui fesont des gaufres; T'en auras aussi bien qu' les autres; escarguin, escargo. » S.-et-L., FERTIAULT. — « Etsergo, etsergo, Montra mé tes cornes. Si tu n' me les montré pas, Tu n' veré pas ton père et ta mère Que regaton (*roulent*) dés pés (*pois*) Su le té (*toit*) A Djan Bénai. » Env. de Genève, BLAVIGNAC, p. 116. — « Eskergo, mirègo, Tire tes écônes; Il y a ton père et ta mère Qui sont sur le touè (*toit*) Qui mindjant les pouis frits sans touè. » Bournois (Doubs), ROUSSEY.

« Corne, corne, limaçon Pour ton père, Pour ta mère, Corne corne, limaçon, Sors enfin de ta maison. Ta mère est morte, Sous une porte; Corne, corne, etc. » Montauban, c. p. M. B. SARRIEU.

« Limaçon, limaçon, Prête-moi tes cornes; Je te dirai où ta mére est morte; Elle est morte à Paris Sur la queue d'une souris. » Arras, c. p. M. ED. EDMONT. — « Escargot couvert, Montre-moi tes cornes; J' te dirai où ta mère est morte; Elle est morte à Paris, à Rouen, Sous la queue d'un petit chien blanc. » Chenay (Marne), c. p. M. E. MAUSSENET.

« Eskergo gangogne Montér me tes cônes ; J' to monterra ton père et ta mère Qui sont sur la côte de Chètêi (*Châtel*) Qui font de la sope à l'oûle, à l'oûlotte. » Pays messin, ZELIQZON, p. 54.

« Caracole, montrez vos cornes, Je vous dirai où est votre mame (*mère*) ; Au pavé croquée. » Marbais (Belg.), *Rev.*

d. tr. pop., 1902, p. 220. — Lima, lima, Ouvre tes cornes; J' te dirai où ton grand-père est enterré; Parmi les choux et la porrée Sur le chemin du Pont-l'Abbé. » Env. de Lorient, r. p. — « Nigogo, nigogo, Montre-moi tes quatre cornes; J' te dirai où est ton père et ta mère; Ils creusent la terre Pour ta maison. » Rainville (Vosges), r. p.

« L'mace, l'mace, Fâ vi tes cournes, Te farê vi ton pâre, ta mâre, Dans la grange neuve. » Thônes (H.-Sav.), CONST. — « Escargo, montra-me té keurnes; Te montreré ton pâre, ta mâre Qu'y a dzo l' pont de Naves. » H.-Savoie, CONST. — « Luma, luma, fais-moi voir tes cornes; J' te dirai où est ton père, ta mère; Ils sont dans les chagnes. » Naintré (Vienne), r. p.

« Escargot, escargot, Méraghi˜, méragò, Montre me tas couènes; T'éré dô bon pain bian De chez papa Françouè. » Velorcey (H.-Saône), r. p. — « Sors, sors, Pierre, Qu'ét bouy' dâ e pa e bi e car. » Bagnères-de-Big., c. p. feu A. CAZES. — Lhiuemace, lhiuemace, Fé me vâr tes cornes; Je te bolhierâ ina bouna soupa de miche. » Saint-Maurice-de-l'Ex. (Isère), *Rev. d. l. rom.*, 1897, p. 35.

« Colimaçon borgne, Montre-moi tes cornes; Si tu ne les montres pas Je te couperai la gorge avec un couteau de Saint-Georges. » Ile-de-France, Champagne, Lorraine, etc. (C'est la forme sous laquelle cette formulette est le plus connue.)

« Eskergueu, virégueu, Montre mé tes cônes; Si tu n' les montres pas Je l' dirai à ton père et ta mère qui te casseront les os. » Fr.-Comté, P. REGNAUD (dans sa traduct. de la *Mythol. zoolog. de De Gubernatis*, II, 78, en note.) — « Escargot, biragô, Montre-moi tes cornes; Ou bien je l' dirai A ton père, à ta mère, Qu'ils te coupent la tête. » Pas-de-Cal., c. p. M. ED. EDMONT.

« Escargot, Guillaume, Montre moi tes cornes, Si tu n'

les montres pas Je l' dirai à ton maître, Qu'il te coupe la tête Avec un ciseau d'argent. » S.-et-O., r. p. — « Colimaçon borgne, Montre-moi tes cornes, Si tu n' les montres pas Ta mère te les coupera. Var. du dernier vers : *Je t' fends ta maison en trois.* » Pierrefonds (Oise), r. p. — « Escargot, Minagot, Montre-moi tes cornes; Si tu n' me les montres pas, Je te ferai prende Par ton pée, par ta mée, Par le roué de France. » Yonne, Jossier. — « Escargot, Mirolot, Montre-moi tes cornes, Si tu n' les montres pas On t'écrabouillera. » Nièvre, *Soc. acad. du Nivern.*, 1887, p. 166. — « Escargot, Mirolô, Montre-moi tes cornes, J' te ferai voir ton père et ta mère Qui sont à la porte de l'enfer. » Luzy (Nièvre), r. p. — « Colimaçon borgne, Montre-moi tes cornes Ou sinon je te tue Au milieu de la rue. » Chambon (Loiret), r. p. — « Limar, limar, Sôrta tas quatre banas, Otramin te tiu. » Vinzelles (P.-de-D.), Dauzat (dans *Rev. d. tr. p.*, 1898, p. 399.) — « Escargoou birongoou, Chouor toï banos, Antramén té tuyé. » La Malène (Loz.), r. p. — « Lumasso, lumasso, Carcasso, carcasso, Si sourtés pas tày banos, Iéou té tiué. » Coux (Ardèche), Lambert, *Ch. p.*, I, 210. — « Corni, corni, cornibus, Tiro las cornos a cap-sus (*en haut*). » Armagnac, Bladé, *Prov. et dev.*, p. 151.

« Lima, lima, monteur tes cônes, T'auras des souliers neufs à la Pentecôte; Si tu n' les montères pas Tu n'en auras pas. » Dol (Ille-et-V.), c. p. M. Ch. Lecomte.

« Limar, limar, montre-moi tes cornes; Si tu n' les montres pas, tu mangeras du pain d'orge. » Eure-et-L., r. p. — « Calimichon borgne, Montre-moi tes cornes; Calimichon tortu, Montre-moi ton cul. » S.-Inf., Delboulle. — « Calimichon, Montre tes cornes, ou bien j' t'inflique par min fourcheu. » Somme, *Rev. d. tr. pop.*, 1905, p. 38. — « Calimichon borgne, Montre-moi tes cornes; Si tu n' veux pas les montrer J'irai dire à chu boucher Qu'il te les cope. » Somme, *Rev. d. tr. p.*, 1905, p. 146. — « Cacaraoulèta, Sourtis tas banétas Et véyras toun pàyré Et ta màyré. » Montpellier, LAMBERT, *Ch. p. du L.*, I, 209. — « Cacalaouzo mourguéto, Sor ta banéto. Sé las volés pas sourti Vaou sounà lou manescaou (*appeler le maréchal*) Qué t'acrasé toun oustaou (*maison*). » Avignon et Orange, LAMBERT, *Ch. p. du L.*, I, 209. — « Cagaraouléto, Sor ti banéto, Cagaraouloun, Sor ti banoun. » Nîmes, LAMBERT, *Ch. p. du L.*, I, 209. — « Mali-malicorno, Montro mé ta corno, Tou montraréy toun pày, to mày Qué soun din lo cavorno. » Saint-Paul-d'Eijeaux (H.-Vienne), LAMBERT, *Ch. p.*, I, 210. — « Cagaraouléto, Sort ti banéto ; Cagaraouloun, Sort ti banoun. » Provence, MISTRAL.

« Limaço, carcasso, Foro, foro toun oustaou O té brégué coumo saou. » Ardèche, MISTR., II, 217.

« Cacalaouzéto Sor ti banéto, Sé li sortés pas Demàn plooura. » Gard, *Rev. d. pat.*, I, 137. — « Buoou bano, Presto-mé ti bano, Per anà a Santo-Ano (*Sainte-Anne d'Apt*), Iéou té préstaraï li miéou Pér anà à San-Bourtoumiéou. » Beaumont (Vaucluse), *Rev. d. l. rom.*, 1873, p. 136.

« Caracole, cole, cole, Mosse tes couanes, Ti voèrais clère et clère au bouè Et les couyis d'ardgint Et les fourchettes di strin. *En récitant ces paroles, les fillettes effectuent certaines évolutions de danse.* » Namur, PIRSOUL.

« Lumaega, lumaega, Fecca fôra trâi coren, Onna par me, Onna par te, E quell' oetra par tô marè. » Bolonais, UNGARELLI.

« *Mini mini mô, Gas gas gô, Streck den siewen hiaerner eraus !* = Mon petit ami, par dessus ta maison, tire tes sept cornes. » Luxemb. allem., GANGL., p. 208.

Avant le XIXe s., je ne trouve mentionnée la formulette que deux fois et encore tout à fait incomplète (au moins en français) : « *Lumaca, lumachella, cava fuor le tuè cor-*

nilla = calimaçon borgne, monstre nous tes cornes... Chanson que les enfans chantent au limaçon pour luy faire monstrer ses cornes. » DUEZ, *Diz. ital. franz.*, 1678, s. vo *lumaca*. — « Escaragol bibarol... » Toulousain du XVIIe s., NOULET, *Œuvres de Goudelin.*

Voyez formulettes bretonnes analogues dans *Annales de Bretagne*, XXII (1907), p. 223.

La formulette suivante se débite, je ne sais en quelle circonstance : « Cagaraoulet, Cagaraoulet, Cal qué crébé, Cal qué crébé Su l' caoulet (*faut qu'il crève sur le chou.*) » Saint-Pons (Hérault), BARTHÈS, 1878, I, 244.

« Les greneuilles n'ont point de coues, Les crapauds sont tout courtauts, Les cagouilles montrent les cournes, Les lumas disent gouyat. » Formulette de la Char.-Inf., JÔNAIN.

« *On dit des Basques* : Bascourrille, bascourraille, Tripassille, tripassaille, Lou limac a la tabaille, Lou carcoil au toupi, Ta esdejouâ douma matyi. » Formulette des B.-Pyr., *Alman. d'Orthez*, 1900.

« *Il est cordonnier pour cacalaous* = il exerce un métier invraisemblable, insolite, vague. » *Armana prouvençau*, 1896, p. 45.

« *Il fait diner ses invités avec des cornes d'escargots* = il veut toujours se singulariser, étonner le monde. » Alais, HAON.

« Ils furent écrabouillés comme des escargots. » *Paris la nuit*, journal, 1891, p. 318.

« *Un embrocheux de limas* = fanfaron, faux brave. » XVIIe s., CYRANO DE BERGER., éd. Jac., p. 259. — « *Monte-limac* = chevauche-escargot, terme de mépris. » Osse (B.-Pyr.), LESPY. — « *Ecrabouilleux de lumas* = les vignerons d'Issoudun. » Centre, JAUBERT.

« [Cette arme], est-ce pour tuer de limas et de crapiaux ? » *Recueil de pièces mazariniques parues en 1649*, Paris, 1650, p. 559. — « Sanno-limaous (= *saigne-limaçon*), se dit par plaisanterie d'un grand couteau de cuisine. » Montauban, c. p. M. B. SARRIEU.

« Dans un *béotiana*, les héros du conte refusent d'avancer parce qu'ils rencontrent plusieurs gros escargots avec quatre fourches (cornes) menaçantes, disant que eux n'en ont que deux (les cornes de leur fourche). » Belg. wall., *Wallonia*, 1904, p. 55.

« *Qu' haourèn bét que cridâ : escargolh, tire la lance, assi qu' ey lou rey de France! que respouneri chetz m' esmabe : que s' y estou!* = on aurait beau crier : escargot, tire la lance, voici le roi de France! je répondrai, sans m'émouvoir : qu'il y reste! c.-à-d. je n'en ferai rien quand même. » B.-Pyr., LESPY.

« *La femme à hardy courage* : Vuide de ce lieu tres orde beste, Qui des vignes les bourgeons manges, Soit sur arbre ou sur buisson, Tu as mangé jusques aux branches. De ma quenouille, si tu t'avances, Je te donneray tel horion qu'on l'entendra d'ici à Nantes.

Les gensdarmes : Lymasson, pour tes grandes cornes Le chasteau ne lairrons d'assaillir Et si pouvons, te ferons fuyr De ce beau lieu où tu reposes. Onques Lombard ne te mangea à telle sauce que nous ferons. Si te mettrons en un beau plat au beurre noir et aux oignons. Serre tes cornes si te prions Et nous laisse entrer dedans. Autrement nous te assaudrons de nos bastons qui sont tres trenchans.

Le lymasson : Je suis de terrible façon Et si ne suis qu'un lymasson. Ma maison porte sur mon dos. Et si ne suis de chair ne d'os, J'ay deux cornes dessus ma teste Comme un bœuf qui est grosse beste. De ma maison je suis armé Et de mes cornes embastonné. Si ces gendarmes là m'approchent Ilz en auront sur leurs caboches. Mais je pense en bonne foy Qu'ilz tremblent de grand peur de moy. » *Le grand Kalendrier et compost des bergers*, Paris, Bonfons, s. d. (vers 1500).

« Ains, por assallir la Limace N'ot en Lombardie tel noise. » Anc. fr., Potvin, *Perceval le Gallois*, I, 245.

Sur la locution *assaillir la limace* et sur le combat des Lombards ou autres, avec la limace symbolisant un être inoffensif que des couards seuls peuvent attaquer, voyez : *Zeitschr. f. rom. Philol.*, II, 306 et III, 98-102; *Romania*, VII, 629. — On trouvera dans *Bullet. du Comité histor.*, II (1855), 173, la reproduction d'une vignette tirée d'un bréviaire du XIIIe s., qui représente un archer combattant un escargot. — Sur la représentation figurée d'un soldat combattant avec un escargot et se mettant à genoux pour lui demander grâce, voir Bégule, *Monogr. de la cathédr. de Lyon*, 1880, p. 180.

Il y avait autrefois, sur l'angle d'un hôtel, à Dijon, une statue représentant un bourguignon armé de pied en cap, menaçant de percer un gros limaçon. Ce limaçon avec ses cornes, ayant paru être une méchante allusion aux maris de Dijon, on fit disparaître le groupe. Voir *Mém. de la commiss. des antiq. de la Côte-d'Or*, 1833, p. 196.

« Et tous ceux qui sont ainsi braves, le plus souvent, semblent le limaçon, portant leurs maisons sur le dos. » XVIe s., G. Bouchet, *Serées*, éd. Royb., 1882, I, 171.

Assaillir la limace = être lâche. — Sur cette ancienne locution, voir *Romania*, 1906, p. 528. — Sur l'homme qui combat contre un limaçon, voir : Nisard, *Hist. des livres pop.*, 1854, I, 146.

« Un jour le loup rencontra un luma et ils lièrent conversation. Le premier railla le second de sa lenteur. Celui-ci alors dit au loup que s'il le voulait, on *tirerait à la longe* à qui serait le premier rendu à l'extrémité opposée du fossé près duquel ils se trouvaient. Le défi fut accepté et voilà nos champions à l'œuvre. Le loup arriva bien vite au but où il cria : « Es-tu au bout, *bavou?* » Une voix de luma lui répondit : « Voui, et taï, *grande goule?* » Le loup alors, de retourner plus vite encore à l'autre bout du fossé où il fit la même question et où il reçut la même réponse. Ce manège continua jusqu'au moment où le loup expira de fatigue. Le mangeur de moutons ne se doutait pas que deux *lumas* s'étaient *fait le mot* depuis quelques jours, et que chacun d'eux était à une extrémité du fossé. » Deux-Sèvres, SOUCHÉ, *Proverbes.*

Sur l'escargot luttant avec le renard ou le lièvre à qui arrivera le premier à un but et s'attachant à la queue du quadrupède, voir : *Wallonia*, 1898, p. 48; *Lo pia ermonek lorrain*, Metz, 1883, p. 29; *Rev. d. tr. p.*, 1891, p. 314; LATHIUBE, *Contes en poitevin*, 1899, p. 93.

« Tardis li limesson sceit plus que le seirs *(cerf)* raméz. » Messin du XIVe s., BOUTEILLER, *Guerre de Metz*, 1875, p. 336.

Sur des charbons, un jeune paysan
Faisait griller, en s'amusant,
Un limaçon dans sa coquille.
Il s'étonne du bruit de l'animal qui grille;
Il n'était pas physicien,
Ni songecreux, ni philosophe,
Et son esprit n'était pas d'une étoffe
A s'alambiquer sur un rien.
Oh ! s'écria-t-il, par Hercule !
A-t-on jamais rien vu d'égal
A la méchanceté de ce sot animal
Qui s'amuse à chanter quand sa maison brûle.

A. D***** (dans *Le Lycée armoricain*, Nantes, 1824, III, 24).

« Le limaçon, pour se délivrer d'ennuis, change ses yeux à des cornes; il y a bien de ces limaçons-là. » LAGNIET, 1557. (Il y a là une allusion à quelque conte.)

Rêves, présages.

« J'ai rêvé escargot, cela signifie *sympathie, bonheur et surprise.* » COGNARD, *Dame aux cobéas*, comédie, 1852.

« *Sur quel escargot a-t-il marché?* = sur quelle mauvaise herbe? » VAEZ, *Le coffre-fort*, vaudev., 1839.

Jeux.

« Sur une coquille d'escargot abandonnée par l'animal et devenue blanche avec le temps on fait une figure de chat pour amuser les enfants. Les yeux, le nez et la bouche sont dessinés par quelques coups de plume; des poils collés simulent les moustaches. » Saint-Brieuc, c. par M. E. ERNAULT.

« *Jeu du coquelimas bouché* = jeu de colin-maillard. » français, DOUJAT, 1637. (L'escargot *bouché* est celui qui est recouvert d'un opercule sous lequel il passe l'hiver. Naturellement dans cet état il ne voit pas clair.) — « *Pin ! poou ! éscaraboou !* formule qu'on récite à certain jeu. » Limousin, MISTR.

« Le jeu de palet ou de marelle, que les enfants jouent après avoir tracé sur le sol des compartiments à la craie, dans chacun desquels ils doivent successivement sauter, est appelé *jeu de l'escargot* dans la Nièvre et ailleurs, parce que dans ce jeu les compartiments sont souvent tracés en forme d'escargot. »

Devinettes.

« Qui est la plus forte beste du monde? *c'est un limechon.* » *Advineaux amoureux*, Bruges, s. d. (xve s.) — « Qui est-ce qui porte sa maison sur le dos? *L'escargot.* ».

Devinette très connue. — « Qui peut se promener sans quitter sa maison? » *Magasin normand*, II (1864), p. 32. — « U houmiot qui s'emporte sa mayson darrè deu cot? » B.-Pyr., LESPY. — « Qu'és acò qué s'en vaï de ribo en ribo E porto un oustaou sus l'esquino? » Provence, MISTRAL. — « Qué s'én ba dé serr' én serro Ambé soun oustal sus l'esquino? » H.-Gar., FAGOT, *Folkl. du Laur.*

« De qu'eis acô? Eschala barri, N'eis pas n' jarri; A de banei, n'eis pas 'n bioou. » Dauphiné, *Armagna doufinen*, 1885, p. 59. — « U petite baquéte aou houn dou bos, N'a pas ni peou ni os. » Landes, FOIX, 1902. — « Une caousilhéte sinse péou ne os qu'arroudère (*rouge*) tout et bosc. » H.-Pyr., c. p. M. M. CAMÉLAT.

« Qui est-ce qui a les yeux au bout des cornes? » Annecy, CONST.

« Quelle beste est ce qui tousiours va Et jamais lieue ne fera? » *Advineaux amoureux*, Bruges, s. d. (xve s.)

« *Exossis, pedibus cassus, non horreo spinis :*
Proque oculis implent cornua bina vicem :
Exsanguis : quaquà incedo, tractu illino mucum :
Letifer est mihi sal hostis et exitium. »

J. PIGNEVART, *Junii ænigmatum libellus*, à la suite de *Pro Zenio*, 1640.

Symbolique. — « Une image représentant un limaçon dans sa coquille est accompagnée de ces mots : *Bienheureux celuy qui ne s'est pas trop émancipé.* » LA FEUILLE, *Devises*, 1693. — « Une chaîne de coquilles d'escargots suspendue, le 1er mai, à la porte d'une personne, symbolise le *bavardage*, la médisance, parce que l'escargot bave. » Fr.-Comté, BEAUQUIER, *Les mois*, 1900.

Héraldique. — Sur l'escargot dans l'héraldique, voyez :

L'Intermédiaire, VII, 621, 698, 726, VIII, 202, 296, 329, 430, 494, 558.

Helix pomatia (Linné).

grand escargot, m., *escargot de Bourgogne*, m., français.
chanteû, m., Le Mesnil-s.-O. (Marne), r. p.
gros luma de vigne, m., *moule de vigne*, f., Vienne, Maud.
« A Poitiers, les marchandes d'escargots crient : *Aux moules de vigne !* » c. p. M. E. Ernault.
vigneron, m., franç., Geoffroy, *Traité des coquilles*, 1767.
bouyé, m., *bouyò*, m., Gard, Hérault.
véré, m., *véri*, m., cévenol, D'Hombres.
cocàyò, m., Prauthoy (Marne), A. Daguin.
lûmassa lombarda, Gênes, Casaccia.

Hélix aspersa (Müller).

jardinier, m., franç., Geoffroy, *Traité des coquilles*, 1767.
moucle de vigne, départ. de la Vienne, Mauduyt.
masco, f., Saint-Remy (B.-du-Rh.), Mar. Girard, *Aupiho*, 1878, p. 235.
coutar, m., Arles, Mistral. — Fourques (Gard), c. p. M. Ed. Edmont.
hélice chagrinée, français savant.
verdon, Bonifacio (Corse), Moquin-Tandon, *Hist. d. moll. t.*, 1855.

Helix vermiculata (Müller).

mourghèta, f., *mourghèto*, f., *murghèlo*, f., B.-du-Rh., Gard, Hérault.

Helix nemoralis (Linné).

livrée, f., français, Geoffroy, *Traité des coquilles*, 1767.
litra, m., Aube, Guénin.

luma à rubans, m., dép. de la Vienne, MAUDUYT. (Les enfants se font, avec les coquilles, de jolis colliers.)
gariche (= bariolée), f., Berry, JAUB.; TISSIER. (D'où *égaricher* = chasser aux escargots.)
limaço d'assér (= escargot de serpent, parce qu'il est rayé comme certains serpents), f., Haute-Provence, HONNORAT.
lhuma de serpent, m., Vendée, c. p. M. Ph. TELOT.
damizéla, f., Grasse, HONNORAT.
dëmouéla, f., env. d'Annecy, CONST.
jeannette, f., Centre, JAUB.
mounjo, f., *cagaroto*, f., Aude, LAFF.

Helix algira (DRAPARNAUD).

platélo, f., B.-du-Rh., MAR. GIRARD, *La Crau*, 1894, p. 216.
bèrtèl, m., Montpellier, MOQUIN-TANDON, *Hist. d. moll. t.*, 1855.
vértél, m., Hérault, *Félibrige latin*, 1897, p. 47. (On prétend qu'il ne se nourrit que d'excréments humains.)
pézoun, m., Hérault, REYNES, *L'escargot*, 1874, p. 13.
bazané, m., provençal, AZAÏS.
loubé, m., Grasse, Saint-Vallier, HONNORAT.
patàntàn, m., Grasse, HONNORAT.
judiéouvo, f., provençal, ACHARD, 1785.
banaru, m., Arles, AZAÏS.

Helix naticoides (DRAPARNAUD).

helix aperta, nomencl. de BORN.
tapà, m., *tapado*, f., *tapàyo*, f., *tapa*, f., provençal, dauphinois, MISTRAL. (Cet escargot bouche sa coquille avec son *tapoun* = opercule.)
attupateddu, sicilien, MACALUSO.

Helix cespitum (Draparnaud).

mèy'ssounénco (= moissonneuse, elle se colle aux chaumes après la moisson), Provence, Mistr.
estivénca, f., Lansargues (Hérault), Langlade, *Las d'amour*.

Helix melanostoma (Muller).

terrassàn, m., Marseille, Moquin-Tandon, *Hist. d. moll. terr.*, 1855.

Helix carthusiana (Müller).

helix candidissima, nomencl. de Draparnaud.
chartreuse, f., franç., Geoffroy, *Traité des coquilles*, 1767.
limaço dé mort, f., provençal, Mistr.

Helix rotundata (Müller).

bouton, m., franç., Moquin-Tandon, *Hist. d. moll. t.*, 1855.

Helix lapicida (Linné).

lampe, f., franç., Geoffroy, *Traité des coquilles*, 1767.

Helix lactea (Müller).

lhobèra, f., Pyr.-Orient., Moquin-Tandon, *Hist. d. moll. terr.*, 1855.
serroni, Corse, Moquin-T., *Hist. d. m. t.*, 1855.

Helix hispida (Linné).

veloutée, f., franç., Moquin-Tandon, *Hist. d. m. t.*, 1855.

Helix fasciolata (Poiret).

petit ruban, *striée*, f., franç., Moquin-T., *Moll. t.*, 1855.

Helix ericetorum (MÜLLER).

grand ruban, ruban des bruyères, MOQUIN-T., *Moll. terr.*, 1855.

Limax (genre) (LINNÉ). — **LA LIMACE.**

(Voy. *Faune popul.*, t. III, p. 211.)

limus, lat. du moy. âge, WACKERNAGEL, *Vocabul. optimus*, 1847, p. 45.
limac, m., *limat*, m., *limace*, f., *limat sans coquille*, m., *limechon*, m., *limaçon sans coquille*, m., anc. fr.
limak, m., H.-Gar., H.-Pyr., B.-Pyr., Landes.
limaouk, m., *limaouco*, f., H.-Gar., Aude, Hérault.
limaou fol, m., Montauban, c. p. M. B. SARRIEU.
limaco, f., *lumaco*, f., Gers, Ariège.
minaouco, f., Aveyr., MISTR.
milhaouco, f., Gourdon (Lot), c. p. M. R. FOURÈS. — Béziers, J. LAURÈS, *Lou campestre*, 1878, p. 285.
limass, m., Laveissière (Cantal), r. p.
olimach, m., Cantal, VEYRE, *Piaulats*, 1860.
alhima, m., Bort (Cantal), c. p. M. ED. EDMONT.
yimar, m., Allanche (Cantal), c. p. M. ED. EDMONT.
lima, m., S.-et-O., Mayenne, Cantal.
limaço, f., *limaço nudo*, f., *limaço-sér*, f., *limaço senso cruvéou*, f., provenç.
limaci, f., *lumaci*, f., *limache*, f., *lëmace*, f., *lëmoce*, f., *lëmèce*, f., *imace*, f., *yémèce*, f., *lëmaçon*, m., *lëmiçon*, m., *limichon*, m., *limuchon*, m., *lumiçon*, m., *luch'mon*, m., *rémichan*, m., *ëmachon*, m., *ëmichon*, m., *mëlçon*, m., *limaçol*, m., *lémaçô*, m., *lém'çu*, m., *lëm'cië*, m., en divers patois.
lëmachèta, f., *lëmache woulhèrnë*, f., Suisse rom., c. p. M. ED. EDMONT.
lëmahoula, f., *lëmazoula*, f., Val d'Aoste, c. p. M. ED. EDMONT.

vërmëçon, m., *varmuçon*, m., *valmëçon*, m., *vilmeçon*, m., Meurthe, Meuse.
limande, f., Bessin (Calv.), *Bull. d. parl. pop.*, 1900, p. 431.
loche, f., Poitou, Anjou, Maine, Haute-Bretagne, Orléanais, Perche, Ile-de-France.
ligouoto, f., *churgo*, f., Aveyron, MISTR.
licoche, f., *ligoche*, f., *ligousse*, f., Poitou, Maine, Orléanais, Beauce, Ile-de-France, Normandie, Champagne.
lichouëre, f., (= lécheuse), *lanbouze*, f., May., DOTT.
langouste, f., Bais, Bazougers (May.), DOTT.
bajone, f., Mouffy (Yonne), JOSSIER.
bavouà, m., Nice, PELL.
peintre, m., Esternay (Marne), PIÉTR. — Montmirail (Marne), HEUILL. (A cause de la bave dont elle enduit les murs).
pingre, m., Gaye (Marne), HEUILL.
doreû, m., wallon, DEFR.
trin-narde, f., jargon de Razey près Xertigny (Vosges), r. p.
boug, m., français. (? — « Faites bouillir testes de boug ou limaces. » D'ABANO, 1593, p. 53.)
carmichon, m., Liancourt-Saint-Pierre (Oise), c. p. M. ED. EDMONT.
couatron, m., Savoie, FEN.
lumaga, lumagott, milanais ; *bercc*, cômasque ; *lecc, lacài*, frioulan ; *mammalucu nudu, babbaluciu nudu, limboi*, sicilien ; *arranàli*, sarde.
Voir d'autres noms de la limace dans GILLIÉRON et EDMONT, *Atlas linguist.*, carte 770.

« Baver comme une limace = *baver de colère.* » FURETIÈRE, *Æneide travestie*, 1649, p. 82.
« Frayant (*gluant*) comme un limasson sans coque. » BÉROALDE DE VERV., *Moy. de p.*, éd. Roy., I, 227. — « Seis dets soun bavaréous coumo un coui de limaço. » Aix en Pr., *Bouil-abaisso*, journal, II (1842), n° 55. — « *Fà bava-*

riyo = faire de la bave, éblouir, jeter de la poudre aux yeux; allusion aux limaces dont la bave offre à l'œil des reflets brillants. » Languedoc, AZAÏS. — « *Limas* = mucosité dans l'œil par suite de maladie de cet organe. » Anc. fr., BRANDIN. — « *Liméjà, limacéjà, limacià, limaoukéjà* = être gluant, visqueux, baveux comme une limace; *limaçous, limaoucous* = baveux. » Provence et Languedoc. — « Glimoneux comme une limace = trop gras, gluant. » Aisne, c. p. M. L. B. RIOMET. — « *Glimacheû* = gluant comme une limace; *glimachures* = viscosités. » Saint-Pol (P.-de-C.), c. p. M. ED. EDMONT. — « Il bave comme un colimaçon en colère, *se dit d'une personne très en colère.* » Aisne, c. p. M. L.-B. RIOMET.

« On dit d'un vêtement râpé et dont la couleur est usée : *on dirait que les limaces ont couru dessus.* » Nièvre, r. p.

« *Lum'ciner* = marcher lentement. » Namur, PIRSOUL. — « *Se hërsë comme un lima* = se traîner par terre, se dit des enfants. » Guernesey, r. p.

« *Limace* = personne lente, lambin. » Mot employé partout. — « Paresseux comme une limace. » — « Courageux comme une limace au soleil = *très paresseux.* » Aisne, c. p. M. L.-B. RIOMET.

« Quand et limac s'en ba tat pourè Ere hénne qu'a gagnat et louguè = *Quand la limace se dirige vers son juchoir la femme a gagné sa journée.* » H.-Pyr., c. p. M. M. CAMÉLAT.

« Pour faire disparaître les verrues on les frotte avec des limaces que l'on embroche ensuite dans des épines d'arbre. Au fur et à mesure que les limaces se dessèchent, les verrues disparaissent. » Normandie, Haute-Bret., Champagne, Limousin, etc. — « On frotte une limace sur la verrue, puis on la jette derrière soi, sans s'inquiéter de l'endroit où elle tombera. La verrue disparaît bientôt après. » Seraing (Belg.), *Rev. d. tr. p.*, 1901, p. 111. — « On frotte les verrues tous les jours avant le lever du soleil avec des limaces qu'on jette ensuite dans un puits ; quand les limaces seront pourries, les verrues disparaîtront. » Aisne, c. p. M. L.-B. Riomet. Cf. *Mélusine*, III, 46.

« Quand on coupe la tête au limaçon on y trouve une petite pierre qui est bonne pour la gravelle. » *Dict. de Trév.*, 1752. — « La pierre de limace est bonne contre les fièvres tierces, quand elle est liée au bras. » *Dict. des arts*, 1732. — Certaine concrétion calcaire qu'on trouve sous le manteau de la limace, mise dans un sachet et suspendue au cou d'un enfant malade des dents, le guérit. » Baugé (M.-et-L.), *Rev. d. tr. p.*, 1905, p. 274. — « Pour rendre la dentition facile, procurez-vous, en nombre impair, des cartilages osseux que les limaces ont dans la tête, et faites-en un collier que vous mettrez aux enfants. » Normandie, *Les Français peints par eux-mêmes (Province, Le Normand)*, 1843.

« Les limas jaunes servent aux sorcières à faire, avec un peu de lait, d'énormes quantités de beurre. » Château-Gonthier (May.), r. p. — « Prenez une limace bien baveuse, plongez-la dans la jatte au lait, en disant : *Bois, bois, guignolet, Autant de crême que de lait.* Immédiatement votre lait crêmera. » Nièvre, *Mém. de la soc. acad. du Niv.*, 1887, p. 160.

« Pour débarrasser un champ des limaces, on en transperce deux et on les fiche en croix sur le sol. » Dinant (Belg.), *Questionnaire de folkl.*, 1891, p. 11. — « Dans le même but, on sème, aux quatre coins du champ qu'on va cultiver, des grains, en disant : Voilà à manger pour les petites bêtes que le bon Dieu a mises sur terre. » Houffalize (Luxembourg), *Rev. d. tr. p.*, 1902, p. 220.

« Gras comme une loche. » *La Gaudriole*, 1892, p. 379. — « *Loché* = qui est gras comme une loche. » Vendée,

BOISSON, *Veillées vend.*, 1892, p. 243. — « *Lochu* = même sens. » Dol (Ille-et-V.), c. p. M. CH. LECOMTE.

« Il avait eu la petite vérole, dans son enfance, et sa peau était trouée comme un filtre, ce qui faisait dire que *les limaces* lui avaient brouté la figure. » Poitou, P. CAILLET, *Michelle*, p. 53.

« *Lime* = chemise. » XVIe s., argot, G. BOUCHET, *Serées*, éd. Royb., III, 129. — « *Limant* = linceux. » Argot, *Dictionn. blesquien*, Troyes, 1627. — « *Limasse* = chemise. » Argot en 1700, SAINÉAN, 1907, p. 138. — « *Limaço*, f., = chemise. » Argot marseillais, MISTR. — « *Limace* = lit de sangle. » Argot, RICARD, *Le Tapageur*, 1841, I, 90. — « *Limace* = chemise, blouse; *limacier* = chemisier; *limacière* = lingère. » Argot, L. RIGAUD. — « *Limace* = prostituée de dernier ordre. » Argot, L. RIGAUD. — « *Lemieux*, m., *lemieuse*, f., = blouse, drap. » Argot bellau, TOUBIN. — « *Lemarda* f., = chemise. » Argot mourmé (Savoie). — « *Lima, limosa* = chemise. » Argot d'Espagne et de Portugal.

« On appelle *péy'ro as agacis* une pierre qu'on trouve dans l'estomac des limaces et à laquelle on attribue des propriétés curatives contre les cors. » Ardèche, MISTRAL, I, 44.

« *Poumado dé limaçouns* = cérat de Galien. » Provence, MISTR.

« Ecrasée entre deux linges et posée sur l'œil, une limace guérit les compère-loriots. » Picardie, *La jeune Picardie*, 1901, p. 164.

« Ecraser une limace, c'est amener la pluie. » Belg. wall., *Quest. de folkl.*, 1891, p. 11.

« Quand la limace porte de la terre sur la queue, signe de pluie; quand c'est de l'herbe, signe de beau temps ». Velorcey (H.-Saône), r. p.; Belg. wall., HAROU, *Folkl. de God.*, 1893.

Limax agrestis (LINNÉ).

ario cinereus, nomenclature de FÉRUSSAC.

petite loche grise, loche grise, loche des bois, lochette, petite limace, limace grisette, franç., MOQUIN-TANDON, *Hist. des moll. terr.*, 1855.

crëvètte grise, f. (Eure), ROBIN.

couatron, m., vaudois, CALLET; FATIO. — fribourg., GRANG.

tsêtron, m., Les Fourgs (Doubs), TISSOT.

bughe, f., Guernesey, r. p.

buhotte, f., Bernières-s.-M. (Calv.), r. p. — La Villette (Calv.), *Bull. d. parl. pop.*, 1902, p. 45.

grëmon, m., Damprichard (Doubs), GRAMM. — Sancey (Doubs), *Rev. de philol. fr.*, 1899, p. 136.

écomion, m., Vincelottes (Yonne), JOSS.

Limax variegatus (LINNÉ).

limace tachetée, limace blonde, limace des caves, franç., MOQUIN-TANDON, *Hist. des moll. terr.*, 1855.

Ario empiricorum (FÉRUSSAC).

limace rouge, f., anc. franç., J. CAMUS, *Anc. récept.*, p. 11. — franç. moderne. (Ce mollusque joue un grand rôle dans la médecine du moyen-âge).

limas rouge, m., anc. fr., BABYNET, *Man. de guér. les descentes*, 1630, p. 99. — L.-et-Ch., r. p.

limace rouge, grosse limace, loche, f., *licoche*, f., franç., MOQUIN-TANDON, *Hist. des moll. terr.*, 1855.

limaçon rouge, m., fr., ARNOUL, 1517; etc., etc.

rouge lumaisson, m., anc. fr., P. MEYER (dans *Romania*), 1903, p. 83.

lèmuchon rouge, m., Méharicourt (Somme), r. p.

limachon jaune, m., Molliens-aux-B. (Somme) r. p.
lima jaune, m., Mayenne, r. p.

Ario ater (FÉRUSSAC).

limat noir, m., anc. fr., *Le jardinier françois*, 1692, p. 158.
crëvètte noire, f. (Eure), ROBIN.
côfa, f., Bas Valais, GILL.

Testacella haliotidea (DRAPARNAUD).

limace grise à coquille, loche grise à coquille, coquillade, départ. de la Vienne, MAUDUYT.

Vitrina pellucida (MÜLLER).

transparente, f., MOQUIN-TANDON, *Hist. d. moll. t.*, 1855.

Succinea putris (JEFFR.).

helix putris, nomenclature de LINNÉ.
bulimus succineus, nomenclat. de BRUGUIÈRE.
ambrette, f., *ambrée*, f., *amphibie*, franç., MOQUIN-TANDON, *Hist. d. moll. t.*, 1855.

Zonites cellarius (GRAY).

luisante, f., franç., MOQUIN-TANDON, *Hist. de moll. t.*, 1855.

Bulimus (genre) (SCOPOLI).

Noms de diverses espèces :

grain d'orge, grain d'avoine, aveline, noisette, œil de bouc, œil d'amour, oreille de bœuf, oreille de Midas, oreille de Judas, gueule de loup, perdrix, perdrix rouge, aigle royal, poule sultane, brillante, aiguillette, vis à clou, vis tronquée, enfant au maillot, barillet, cordon bleu, ruban, chiure de puce, non-pareille, franç., Brug., 1792.

Bulimus radiatus (Bruguière).

pénitén, m., Haute-Provence, Honnorat.

Pupa (genre) (Lamarck).

maillot, m., *barillet,* m., franç., Moquin-Tandon, *Mollusques,* 1855.

Planorbis (genre) (Guettard).

cornet de Saint-Hubert, cornet de chasseur, franç., Dargenville, 1742.
corne d'Ammon, cornet de postillon, franç., Favart, 1775.
cor de Saint-Hubert, corne de Saint-Hubert, franç., Moquin-Tandon, *Moll. terr.,* 1855.
luma d'eau, m., Vienne, Mauduyt.
aplano, f., Saint-Remy (B.-du-Rh.). Mar. Girard, *Aupiho,* 1878, p. 235.

Limnæa (genre) (Draparnaud).

buccin, buccin d'eau douce, tonne fluviatile, franç., Moquin-Tandon, *Moll. terr.,* 1855.
bigornô, m., blaisois, Thibault.

Paludina (genre) (Lamarck).

luma d'eau, sabot, Vienne, Mauduyt.
vigneau, m., *vigneû,* m., *demoiselle vivipare,* franç., Moquin-Tandon, *Moll. terr.,* 1855.

Nerita (genre) (LINNÉ).

Noms de diverses espèces :

quenote, gencive, pintade, teton, mammelon, testicules, franç., GERSAINT, *Catal. de coquilles,* 1736.

Bulla (genre) (LAMARCK).

physa, phyx, autres nomenclatures.
bulle, bulle d'eau, f., franç., BRUG., 1792.
bubble, anglais, MENDES, 1778.

Bulla (genre) (LAMARCK).

Noms de diverses espèces :

gondole, gondole papyracée, papier roulé, goffre roulé, oublie, dragée, bouton de rose, œuf de vanneau, muscade, franç., BRUG., 1792.

Ancylus fluviatilis (GEOFFROY).

morpion, m., Vienne, MAUDUYT. — Marne.
patelle d'eau douce, patelle fluviatile, franç., MOQUIN-TANDON, *Moll. terr.,* 1855.

Valvata piscinalis (FERUSSAC).

porte-plumet, franç., MOQUIN-TANDON, *Moll. terr.,* 1855.

Cyclas (genre) (BRUGUIÈRE).

petite palourde, came des ruisseaux, telline fluviatile, franç., MOQUIN-TANDON, *Moll. terr.,* 1855.

Aplysia (genre) (GMÉLIN).

lepus marinus, anc. nomenclature, GERARDUS CREMONENSIS, 1476.

laplysia, nomenclat. de LINNÉ. (Sur ce mot *aplysia* ou *laplysia* voy. CUVIER (dans *Annales du Museum*, 1803, p. 291.)

lièvre marin, m., anc. fr., GUY DE CHAULIAC, éd. Nicaise, 1890, p. 453. [« Les tentacules supérieurs de l'aplysie représentent très bien les oreilles d'un *lièvre;* son museau est presque fendu comme celui de ce quadrupède et sa figure générale rappelle assez celle du lièvre lorsqu'il est ramassé sur ses quatre pieds rapprochés. » CUVIER (dans *Annales du Museum*, 1803, p. 290.)]

chat de mer, m., Loire-inf., ED. RICHER, *Descript. du Croisic*, 1823, p. 15.

cesto del mare, napolitain. — *bebeda*, portugais.

Ostrea (genre) (LINNÉ). — **L'HUITRE.**

(Voy. *Faune popul.*, t. III, p. 214.)

ostrea, *ostreum*, *ostra*, l. du m. â., DIEF.

ostra, f., anc. provençal, RAYN.

ostre, *oystre*, *ouistre*, *uistre*, *oestre*, *oustre*, *ostie*, *oiste*, *ouste*, *ouitre*, *hostrige de mer*, *ouystre en écalle*, *huystre en l'escaille*, *huistre à l'escaille*, *huistre escaillé*, *escaille*, anc. fr. (Le mot *uistre* en anc. fr. est tantôt *masculin*, tantôt *féminin*).

ustri, f., *ustre*, f., B.-Pyr., Landes, Gironde.

lustro, f., Gers, H.-Gar., Aude.

ostréga, f., niçois, PELLEGRINI.

uitra, f., mentonais, ANDR. — Cette (Hérault).

uitré, m., niçois, PELL.

eûtre, f., Char.-Inf.

ître, f., *îte*, f., Côtes-du-Nord, Calvados.

« *Clayère*, f., = parc inondé, sorte de grand marais ou de grand étang rempli d'eau de mer dans les grandes marées et dans lequel on jette les huîtres après les avoir pêchées, pour les y nourrir et engraisser. » LITTRÉ.

« *Cloyère*, f., = nom donné à un panier d'huîtres contenant 25 douzaines d'huîtres. » LITTRÉ.

« *Huîtres de chasses* = h. qui viennent sur des chevaux de chasse-marée en plus grande diligence que celles qui viennent par bateau et qui sont par conséquent plus fraîches. » FURETIÈRE, 1708. — « On appelle *huître de barque*, celle amenée à Paris, en bateau, *huître de chasse*, celle amenée par les chasse-marées sur des chevaux. » SAVARY, 1759.

Un endroit où il y a beaucoup d'huîtres est appelé :

oistriere, f., *huistriere*, f., franç., DUEZ, 1664.

itrière, f., Bessin, JORET.

« *Ecailler* = vendre des huîtres à l'écaille dans les rues. » *Dict. de l'encyclopédie*, 1751. — « *Ecalier* = marchand d'huîtres. » Paris, GRAPPIN, *Les Grecs au jeu*, 1757, p. 37. — « *Caillerot* = marchand d'huîtres. » Vendée, c. p. M. Ph. TELOT.

« Une jeune fille fraîche comme une huître. » H. THIÉRY, *Écoliers en vacances*, vaudeville, 1860.

« Belle place du Carouzel Faite en forme d'huistre à l'escaille. » CL. LE PETIT, *Paris ridicule*, 1668, p. 8.

« Frais comme l'huistre en escaille. » XVIIe s., FOURN., *Var. hist.*, IV, 38. — « En parlant de jeunes et jolies femmes : *Avant qui set deux ans Y pourraint bien avoir leurs huitres Pu sales que vieilles vitres.* » BERTHAUT, *Paris en vers burlesques*, 1660, p. 68. — « Alison a l'œil charmant Comme l'escaille d'une huistre ; Quand elle voit son amant C'est au travers de la vitre. » DE BEYS, *Comédie des chansons*, 1640, p. 118.

« A une écaillère : *Eh bien! ton huître est-elle fraîche? — Demandez plutôt à ces messieurs qui me la prennent depuis une heure.* » CUISIN, *Cabarets de Paris,* 1821, p. 67.

« Il ne faut jamais sentir un œuf, ni une huistre, ni un c.. » XVIIe s., BÉROALDE DE VERV., *Moy. de parv.*, éd. Roy., II, 248.

« Houper (*avaler, humer*) quelque chose aussi facilement qu'une zuite. » Pas-de-C., c. p. M. ED. EDMONT.

« *Huître pourite,* injure. » *Riche en gueule,* 1821, p. 30.

« Comme les huistres trop maniées, souvent s'ouvrent d'elles-mêmes, ainsi font les filles. » *Prognostication des prognost. par Caresme prenant,* 1612, p. 5.

« *Cracher des huîtres* = cracher épais. » XVIe s., *Hist. macar. de Merl. Cocc.*, éd. Jac., p. 122. — « *Huistre de crachat* = crachat épais ». DUEZ, 1678. — « *Huître* = crachat. » Argot, LERMINA, 1897.

« *Le parc aux huîtres* = le mouchoir de poche. » Argot du régiment, L. MERLIN, *Langue verte des troupiers,* 1888, p. 28.

« Qu'est-ce que ces fromages de toutes sortes qu'on sert sur nos tables pour nous aiguiser un reste d'appétit? du laitage en putréfaction. Ces huîtres dont nous sommes si voraces? des crachats vivants. » TILLIER, *Œuvres,* 1846, II, 270.

« Attendre quelqu'un comme l'huistre fait la marée. » *Facetieux Reveille-Matin,* 1679, p. 196.

« Vous en usez comme les huistres font de la brume de mer = *il ne vous faut pas de telle chose.* » *Paraboles de Cicquot,* 1593, p. 28.

« Vous n'aurez que les écailles, mais vous ne tâterez pas de l'huître. » PALAPRAT, *Filles de bon sens,* comédie, 1692.

« J'ay ouy crier huistre à l'escaille, Berger, il faut que tu t'en aille, Regarde la naissante aurore. » DE BEYS, *Comédie des chansons*, 1640, p. 124. Ce passage rappelle *Roméo et Juliette*, de SHAKESPEARE.

« La marchandise qu'il débite Est un mets assez délicat Et l'huistre prise crue ou cuite Porte sa sauce avec son plat. » TECHENER, *Catal. d'une collect. d'estampes*, 1855, p. 155.

« Elles sont comme les avaleurs d'huistres, Elles vivent de viandes vives et crues. » XVIIe s., BÉROALDE DE VERV., *Moy. de p.*, éd. Roy., II, 131.

« Il a une vie tellement calme... une vie d'huître dans sa coquille. » A. RICARD, *Giroux le Parisien*, 1837, I, 316.

« Vous voilà tous muets comme des huîtres ! » DELMARE, *Maitre Cabochard*, vaudev., s. d.

« Huistre à l'escaille = sot. » DUEZ, 1678. — « Il a l'entendement ouvert Comme une belle uistre en l'escaille. » *Gloss. de l'anc. th. fr.* — « Bête comme huître. » DUPEUTY, *Balochard*, comédie, 1839. — « Qui est-ce qui te parle, huître sans coquille ? » E. SOUVESTRE, *Pors-Mogner*, 1858. — « Tu raisonnes comme une huître. » P. ROBERT, *Confess. de Pied de Fer*, 1845, I, 9. — « Il n'avait pas cet air godiche qui fait partie du villageois comme la coquille fait partie de l'huître. » FRISON, *Avent. du colon. Ronchonnot*, s. d. (vers 1890), série n° 4.

« Ignorez-vous que le fruit sort du fumier, la perle de l'huître et le diamant du caillou ? » DESAUGIERS, *Pierrot*, comédie, 1813.

« Il ne vit que de son suc, comme une huitre à l'écaille. » DU LORENS, *satyres*, 1646, p. 76.

« Bâiller comme une huître au soleil. » *La Gaudriole*, 1891, p. 528.

« Autant défendre aux huîtres de bâiller. » BERNÈDE, *Clara*, s. d. (vers 1900).

Abandonner quelqu'un comme une coquille d'huître.

« Vous n'avez pas besoin de me regarder comme des huîtres. »
CHARTRAIN, *Poivrot*, 1884, p. 258.

Ostrea (genre) variété. — LA GRAVETTE.

ustri dé grabe, f., *ustri dé grabéte*, f., *grabéte*, f., *gravette*, f., Gironde. « On appelle *gravette* cette huître à cause du fond de graves et de sable qui les reçoit ; elle affecte une forme particulière ; ses deux valves s'allongent en pointe du côté opposé à la charnière. » FERET, *Statist. de la Gir.*, 1878.
médoc, m., franç., DARGENVILLE, 1742.

Ostrea (variété). — L'HUITRE DE MARENNES.

huître verte, *huître de Marennes*, français.

Ostrea hippopus (LINNÉ).

pied de cheval, m., français.
pé dé chivaou, m., *bato dé chivaou*, f., La Crau (B.-du-Rh.), MARREL.
pied d'âne, m., franç., *Dict. de chasse*, 1759.
pé d'ày', m., provenç., ACHARD, 1785.
huître capitaine, f., *huître marron*, f., C.-du-N., *Annuaire des C.-du-N.*, 1842, p. 182.
càbô, m., Beauvoir-sur-M. (Vendée), GALLET, p. 89.

Ostrea lacteola (MOQUIN).

péloustiou, m., *péléstioou*, m., Gard, D'HOMBRES.
péy'rostio, f., Agde, *Rev. d. l. rom.*, *bullet.*, janvier 1874, p. 41.
uitroun, m., *péy'roustioun*, m., Provence, MISTR.

Ostrea meleagrina margaritifera. — L'HUITRE PERLIÈRE.

nacchara, nacrus, l. du m. â., LABORDE, 1853, II, 467-468.
nacra, marseillais latinisé, GILLIUS, 1533, p. 582.
coquille de perle, coquille de pelle, coquille de nacque de perle, nacre de perle, f., *nacle de perle*, f., *escaille de perle*, f., anc. fr., LABORDE, 1853, II, p. 468 et suivantes.
mere perle, f., franç., DU PINET, *Pline*, 1566, IX, 35.
nacre, f., *mère des perles*, f., franç., POMET, 1694.
acre de perle, f., anc. franç., *Miscellanea di storia italiana*, t. XXII (1884), p. 213.
huître perlière, huître des mers des Indes, pintadine mère perle, franç., *Soc. d'acclimatat.*, 1862, p. 213 et p. 217.
De cette coquille on retire la *nacre* et les *perles fines*. Les perles se trouvent aussi dans l'huître commune, la moule commune et la moulette.

Spondylus gaederopus (LINNÉ).

sphondylos, anc. nomenclat., GILLIUS, 1533, p. 587.
ostreum gaideropodes, pes asini, anc. nomencl., WORM, *Museum Wormianum*, 1655, p. 255.
ostræa spondyloidea, nomencl. de GMELIN.
pedum sphondyloideum, nomencl. de BRUGUIÈRE.
spondile, f., fr., J. MAISSÉ, *L'œuvre de Galien des ch. nutr.*, 1552.
huitre épineuse, franç., FAVART, 1775.
scandebec (= qui brûle le bec), m., franç., RONDELET, 1558. [Identification incertaine; en tous cas, il s'agit d'une espèce d'huître.]
gaiderope, f., *spondille*, f., anc. fr., DUEZ, 1678.
gouderope, f., français, DU PINET, 1625, II, 459.

claquette de ladres, claquette de lépreux, franç., D'ORBIGNY.
cernierol, vénitien, BOERIO. — *gaidero*, italien, KRISCH.

Pinna (genre) (LINNÉ).

perna, nomenclature de DARGENVILLE.
jambon, jambonneau, franç., GERSAINT, 1736.
astura, ital. de la Mer Adriatique, KRISCH.
palostrega, vénitien, BOERIO.
hamdoubletten, hollandais.

Malleus (genre) (LAMARCK).

ostrea malleus, nomencl. de LINNÉ.
marteau, franç., GERSAINT, 1736.

Anomia (genre) (LINNÉ).

concha anomia, terebratula, concha perterebratula, anc. nomencl., NEMN.
étrangloir, m., Ile de Ré, KEMMERER.
éstafféтt, m., Etang de Thau, GOURRET, 1896.
auricau, m., *aurican*, C.-du-N., *Annuaire d. C.-du-N.*, 1842, p. 184.
coqs et poules, poules et poulettes, franç., FAVART, 1775.
hanar, m., Côtes-du-Nord, SÉBILLOT (dans *Rev. de ling.*, 1881, p. 193).

Anomia cepa (LINNÉ).

anomia ephippium, autre nomenclature.
pelure d'oignon, franç., BRUG., 1792.

Pecten maximus (BRUGUIÈRE) et Pecten jacobæus (BRUGUIÈRE). — LA COQUILLE DE SAINT-JACQUES

sonera, l. du m. â., DU CANGE.
cocula marina, l. du m. â., MOWAT, 1882.

pecten, anc. nomencl., CONSTANTINUS, 1573.
ostrea maxima, ostræa jacobæa, nomencl. de LINNÉ.
pigne, m., franç., DE MAROLLES, *Deipnosoph. d'Athénée*, 1680, p. 126.
coquille de Saint-Jacques, f., franç., doc. de 1467, LABORDE, 1853, II, 223; etc., etc.
escalippe de Saint-Jacques, anc. fr., GOD.
écalipe de Saint-Jacques, f., Boulogne-s.-M., HAIGN. (On s'en servait autrefois pour quêter dans les églises.)
saint-jacques, m., aux Halles de Paris, r. p.
pèlerine de Saint-Jacques, f., franç., LABILLE, p. 162.
pèlerine, f., *coquille de Saint-Michel, manteau ducal*, franç., DARGENVILLE, 1742.
manteau royal, éventail, franç., GERSAINT, 1736.
coquille du Mont-Saint-Michel, français.
goufike, f., La Hague (Manche), LE HÉRICHER, 1879.
golfiche, f., franç., *Dict. des arts*, 1732.
god'fiche, f., Dives (Calv.), r. p. — Eure, VERGER.
goufiche, f., franç. dial., CONSTANTINUS, 1573.
gofiche, f., Manche, Calvados, Somme.
vanne, f., La Hague (Manche), LE HÉRICHER, 1879.
crousille, f., franç. dial., BELON, 1555.
creusille, f., île de Ré, DUHAMEL, 1769, I, chap. 3, p. 76.
grousille, f., île de Ré, KEMMERER.
salière, f., Aisne, c. p. M. L.-B. RIOMET.
mendrousse, f., Roussillon, Narbonne, DUHAM., 1769, I, chap. 3, p. 92.
dahin, m., Côtes-du-N., *Annuaire des C.-du-N.*, 1842, p. 83. — Saint-Brieuc, Saint-Jacut (C.-du-N.), SÉBILLOT (dans *Rev. de ling.*, 1881, p. 191).
roumibo, f., env. de Carcassonne, LAFF.
romia, italien, DUEZ, 1678. — *cocciola pellegrina*, napolit.
romeira, pente, carrampilo, leque, portugais, ROCHA PEIXOTO, *Malacol. pop.*, 1889.

cappa santa, italien.
scollop, scallop, escallop, pilgrim, pilgrim's scallop, anglais.

« Allez vendre vos coquilles à ceux qui n'ont pas esté à Saint-Michel. » JEAN-MARIE, *Divertissemens*, 1665. — « Porter des coquilles au Mont-Saint-Michel *ou* vendre des coquilles à ceux qui viennent du Mont-Saint-Michel = *faire une chose inutile.* » TESSON, *Blason pop. de l'Avranchin*, 1903, p. 17.

« *Coquillard* = pèlerin de Saint-Jacques, mendiant portant des coquilles de Saint-Jacques pour faire croire qu'il y avait été en pèlerinage. » argot, doc. de 1628, SAINÉAN, 1907, p. 191.

Chevaliers à coquille = chevaliers de l'ordre de Saint-Michel, ordre institué par Louis XI, pour défendre contre les Anglais le Mont-Saint-Michel.

Symbolique : « La coquille de Saint-Jacques était l'attribut de Saint-Jacques de Compostelle et de Saint-Sebald. » LABORDE, 1853, II, 223.

Pour la coquille de Saint-Jacques dans la symbolique chrétienne, voyez : CAHIER, *Caractèr. des saints*, 1866, I, 252.

ENSEIGNES :

A la Coquille, ens. à Orléans au XVe s., PATAY, *Ens. d'Orl.* 1878, p. 29. (L'ens. représentait une coquille de Saint-Jacques.)

Pecten opercularis (LINNÉ).

alivètte, f., Dives (Calvados), r. p.
pedoli canestrin, frioulan, PIRONA.

Pectunculus (genre) (Lamarck). — **LE PETONCLE.**

pectoncle, m., franç., J. Bodin, 1597, p. 472.
petoncle, m., franç., Belon, 1555; Saintonge, Rondelet, 1558.
pëton, m., Granville, *Rev. de l'Avranchin*, 1886, p. 159. — Halles de Paris, r. p.
pétonge, Carolles (Manche), Le Breton, p. 40.
pétouse, C.-d.-N., *Annuaire d. C.-du-N.*, 1842, p. 183.
pichilén, m., Etang de Thau, Gourret.
pingnote, f., anc. fr., Champollion-Figeac, *Ystöire de li normant*, 1835, p. 317.
vannon, m., franç. dialect., Duhamel, 1769, I, chap. 3, p. 48.
petite pélerine, f., Poitou, Dargenville, 1742.
barenne, f., Bassin d'Arcachon, Duham., 1769, I, ch. 3, p. 85.

Mytilus edulis (Linné). — **LA MOULE.**

(Voy. *Faune pop.*, t. III, p. 218.)

Noms de l'animal :

mytilus, mutulus, musculus, musclus, mola, geniscula, l. du m. â., Du C.; Wright.
musclé, m., provenç. anc. et mod. et gascon anc. et mod.
muscle, f., *moske*, f., *muisle*, f., *moucle*, f., *mucle*, f., *moule*, fém. ou masc., *moulette*, f., *moule de grave*, f., anc. franç.
mosse, f., wallon.
mouklhe, f., *moutlhe*, f., Saintonge, Poitou.
mouke, f., Guernesey, r. p. — Normandie.
mouy', f., Seine-Inférieure, Somme.
mourle, f., *mourlivètte*, f., Somme, Jouanc.
marmoulètte, f., Somme, Jouanc. — Tourcoing (Nord), Watt.
moulmoulète, f., Valenciennes, doc. de 1687, Héc. — Pas-de-Calais.

moulette, f., Pas-de-Cal., c. p. M. Ed. Edmont.
consalme de mer, f., franç., Rondelet, 1558.
cahieux, m., anc. fr., E. Picot, *Rec. de sotties*, 1902, I, 75. « Les bonnes moules d'Isigny valent mieux que cahieux ne toucque. » [Cahieux et Touques sont des noms de localités célèbres par la bonté de leurs moules (1).]
cayeu, m., normand, au XVIIe s., Héron, *Muse norm.*, 1895, V, 39. — Manche, Eure, Somme. [Sur l'origine de ce mot voyez A. Thomas (dans *Romania*, 1905, pp. 287-289.)
boulogne, f., aux Halles de Paris. « On vend à Paris deux espèces de moules : *la cayeux* et *la boulogne*, cette dernière plus petite et moins estimée. »
charron, m., bassin d'Arcachon, r. p. (Ce mot vient de ce que les moules de Charron (Char.-Inf.) sont renommées.)
arsella, f., gênois, Casaccia. (D'où *arsellôu* = filet pour pêcher les moules et autres coquilles en raclant le fond de la mer.)
mùssul, *pedòli d'arsenal*, frioulan, Pirona.

L'endroit de la mer où l'on trouve beaucoup de moules est appelé :

musclièro, f., provençal, Achard, 1785.
moulière, f., franç., *Dict. de Trév.*, 1752.
mouôlière, f., Bessin (Calv.), Joret.

Onomastique : Mouclier, famille actuelle du Sud-Ouest.

Les marchands des rues de Paris crient : *la moule au caillou !* ou *la moule au gros caillou !* pour dire qu'elle a été

(1) Une autre localité célèbre pour ses moules était Dieppe d'après le passage suivant : « Tu vends moules de Roquay disant que de Dieppe ils sont. » *Recueil de plusieurs farces*, 1612, p. 79.

recueillie dans les rochers et qu'elle est de très bonne qualité.

« Les dames avoient le bec serré comme des moules. » XVIe s., PIERRE DE L'ESTOILE, *Mém.*, éd. de 1875, XI, 233.

« *Mourmoulète* = crachat épais. » Valenciennes, HÉCART.

« *Finir en bran de moucles* = finir en eau de boudin, finir mal. » Poitou, SAINT-MARC.

« Donner du potage aux moules à quelqu'un, en faire mouler = *faire souffrir quelqu'un.* » DUEZ, 1678, s. v° *dar fungi da mangiare.*

« Aussitost que les moulles s'ouvrent Il n'y fault plus que du vinaigre », anc. fr., E. PICOT, *Rec. de sotties*, 1902, I, 69. [Ce semble être une lapalissade.]

« Tu as beau rire comme une moule de Toulon. » Langage marin marseillais. *Le régiment illustré* du 26 déc. 1896, p. 4.

« *Bec de moule* = surnom donné à un individu qui lui vient de ce qu'il a une grande bouche. » G. MACÉ, *Lundis en pris.*, 1889, p. 101.

« Ahuri, il ouvrit des yeux comme une moule qui bâille. » *Le rég. ill.* du 30 déc. 1896, p. 4.

« *Les huîtres et les moules n'ont pas d'oreilles.* » Se dit à propos des gens qui ne vous écoutent pas. ASSOLANT, *La fête de Champdebrac*, 1883. — « Vous ne comprenez donc rien, tête de moule ! » L'HOPITAL, *Potins de Lemioche*, 1895, p. 205. — « Nos maris ne sont que des moules. » SAINT-GENEST, *Octave*, s. d. (vers 1880).

« Je restais là comme une moule amarrée à son galet. » *Le régiment illustré* du 18 nov. 1896, p. 3.

« Quiconque boit, à Saint-Georges-de-Didonne (Char.-Inf.) du bouillon de moules, ne peut plus quitter la localité. » G. MUSSET, *La Charente-Infér. avant l'hist.*, 1885, p. 83.

Mytilus achatinus.

blonde, f., Cherbourg, Macé, *Catalogue des mollusques des environs de Cherbourg*, 1861.

Mya (genre) (Linné).

coquille des peintres, f., français, Rondelet, 1558.
patagau, m., Saintonge, Aunis, Beaupied Duménils, *Mém. s. les marais salants de Saintonge*, 1765, p. 67. — Sables d'Olonne (Vendée), Serpeau-Delidon, *Guide aux Sables d'Ol.*, 1873.
moulette, f., franç., *Dict. de Trév.*, 1752.

Unio (genre) (Linné). — LA MOULE DE RIVIÈRE.

scaphis, scaphula, conchula, anc. nomenclat., Duez, 1664.
musclé dé Garono, gascon, Gassies, *Mollusques de l'Agenais*.
cakin, m., Maine-et-L., Verrier.
caquerole, f., Paris, Ménage, 1750.
cocriy', f., Meuse, Lab.
këcrèy', f., Broye-l.-P. (H.-S.), Perron.
crâyotte, f., Velorcey (H.-Saône), r. p. (Elle fait entendre un cri, c'est alors signe de beau temps).
eschafote, f., anc. f., Pannier, *Lapidaires*, 1882, p. 182.
escafette, f., Picardie, J. Thierry, 1564.
écafètte, f., Somme, Jouanaux.
viô, m., Louhans (S.-et-L.). Guillemaut, *Topog. de Louh.*, 1890. — Broye-l.-P. (H.-Saône), Perr.
via, m., Ruffey-l.-B. (C.-d'Or), Joign.
arséli, m., Ardèche, Francus, *Voyage le long de l'Ard.*, 1885.
sôcerètte, f., Meuse.

Toponomastique : Les Ecafottes, lieu dit à Fontaine-Notre-Dame (Cambrésis), Boniface, p. 113.

Cardium edule (Linné). — LA COQUE.

concha cordiformis, bucardium, autres nomenclatures.

sourdon, m., anc. fr. (Saintonge), Agrippa d'Aubigné, éd. Réaume, IV, 230. — Aunis et Poitou, *Mém. de l'acad. des sciences*, 1710, p. 454. — Ile de Ré, Duham., 1769.

sourdau, m., Bassin d'Arcachon, Duham., 1769, I, chap. 3, p. 85.

coquille en cœur, cœur, cœur de bœuf, franç., Dargenville, 1742.

boucarde, f., *bucarde*, f., français.

bigourde, f., *gourneau*, m., Saint-Malo, Duham., 1769, I, chap. 3, p. 68.

besourde, f., *bigourre*, f., Roussillon, Narbonne, Duham., 1769, I, chap. 3, p. 92.

bézourdo, f., provenç., Mistr. (On dit ironiquement : dré coumo uno bézourdo.)

bigour, m., Etang de Thau, Gourret, 1896.

bigou, m., Hérault, Soulet, *Pescadous*, 1893.

coque, f., franç. du xvie s., Du Guez, p. 913 ; etc., etc.

cokilhon, m., île de Bouin (Vendée), L. Dubreuil, *Monogr. de Bouin*, 1905, p. 144.

foulègo, f., Provence, Mistr.

maillaut, m., franç. de Bordeaux, Beaurein, *Variétés bordel.*, 1876, III, 341.

malhoou, m., La Teste (Gir.), Moureau.

pilo blanc, m., Boulogne-s.-Mer, Labille, p. 158.

hanon, m., *hannon*, m., fr. du Nord-Est au xive s., *Soc. d'archéol. de l'Oise*, VII (1869), p. 260 ; en 1555, Michelant. — Boulogne-s.-Mer, Duhamel, 1769, I, chap. 3, p. 58.

hennon, m., anc. fr., God.

hénon, m., Somme, Bizet, *Malacoz. de Pic.*, 1892.

rigadô, m., Asserac (Loire-Inf.), Chiron, *Monogr. d'Ass.*, 1897.

rigodô, m., Belle-Ile, Le Gaden, *Belle-Isle*, 1906, p. 536.

ricardô, m., Saint-Cast (C.-du-N.), Sébillot (dans *Rev. de ling.*, 1881, p. 191.)

rigadel, breton de Trébeurden (C.-du-N.), *Annuaire des C.-du-N.*, 1843, p. 84.
cappa tonda, italien, KRISCH.
amejoa, brebigao, portugais, ROCHA PEIXOTO, *Malacol. pop.*, 1889.
cook-fish, anglais, MERRETT, 1667.
cockle, anglais, MURRAY.
nùnder, frison, DIJKSTRA.

« Le ricardeau décèle sa présence par l'eau qu'il lance en l'air en ouvrant ses valves. Quand on est à la pêche de ce coquillage on dit : « Ricardeau, Clisse en haut Que je te trouve. Si tu n'y clisses pas, tu seras mangé adesâ (ce soir). » C.-du-N.., SÉBILLOT (dans *Rev. de ling.*, 1881, p. 191.)

« Absence de coques, signe de grande cherté ; Abondance de coques, signe de grande vileté. » Manche, *Rev. de l'Avranchin*, 1885, p. 453.

« *On appelle les habitants du Mont-Saint-Michel, les coquetiers, c.-à-d. les pêcheurs de coque..... J'aimerais mieux pêcher des coques au Mont-Saint-Michel ;* être réduit à pêcher des coques est le comble de la misère. » TESSON, *Blas. pop. de l'Avranch.*, 1903, p. 15 et p. 17.

Cardium paucicostatum (SAV.).

bigour bastar, m., *prày'ré*, f., Etang de Thau, GOURRET, 1896.

Arca (genre) (LINNÉ).

Noms de diverses espèces :

arche, arche à cils, arche de Noé, arche torse, coqueluchon de moine, peigne sans oreilles, petoncle sans oreilles, noix de mer, amande rôtie, corbeille, dévidoir, bistournée, furie, came flamboyante, franç., BRUG., 1792.

Venus decussata (LINNÉ). — **LA CLOVISSE.**

arzella, lat. du m. â., DU C., I, 425.
clovisse, f., Marseille, RONDELET, 1558. — français, *Dict. de l'encycl.*, 1751 ; etc., etc.
claouvisso, f., provençal, PELLAS, 1723. — Marseille, MISTR.
clovis, m., français du midi, CREUZÉ, 1824.
claouzisso, f., provençal, MISTRAL.
claouvisso dé rouvé, f., Toulon, MISTRAL.
clouvisso dé la Réservo, f., Marseille, MISTR. (*La Réserve* est un quartier à l'entrée du vieux port, à Marseille).
arcéli, m., Gard, Hérault, Aude.
coutoir, m., franç., *Dict. de l'encycl.*, 1751.
coutòy', f., bassin d'Arcachon, DUHAMEL, 1769, I, chap. 3, p. 85. — La Teste (Gironde), MOUR. — Bordeaux, BAUREIN, *Var. bordel.*, 1876, III, 341.
béda, f. (variété moins estimée), Hérault, WESTPHAL.
aprò, m., *buda*, f., Etang de Thau, PAGÈS, *Castrés*, 1894. (Ce sont des variétés de la clovisse).
éncounsoumitt, m., *counsoumitt*, m., Languedoc, AZAÏS. (C'est une variété peu estimée, qu'on trouve dans les étangs et les rivières).
claouvisso dé càn, f., Provence, MISTR. (C'est une variété peu recherchée).
ànchòyo, f., Provence, MISTR., au *Suppl.* (c'est une variété oblongue très recherchée).

« *Arcélièy'ra*, f. = embarcation spéciale pour pêcher les *arcélis.* » Cette, *Armanac cétori*, 1894, p. 90.

Venus conspurcata (LINNÉ). — **LA PALOURDE.**

chama peloris, latin de PLINE.
palourde, f., Saintonge, RONDELET, 1558, II, 7. — Asserac (Loire-Inf.), CHIRON, *Monogr. d'Ass.*, 1897.

pëlourde, f., Char.-Inf., Jônain.
douceron, m. (à cause de sa chair fade), Carolles (Manche), Le Breton, p. 40. — « Les habitants du village de Bouillon (Manche) sont surnommés *Les Doucerons* parce qu'on y pêche beaucoup de ces coquillages. » Tesson, *Blas. pop. de l'Avranch.*, 1903, p. 7.
bétt dë dýar (= bec d'oie ; espèce de palourde), m., Char.-Inf., Jônain.
arc'hik (= coffret), breton de l'Ile de Sein, c. p. feu L. F. Sauvé.
bigolosenn, breton d'Audierne, c. p. feu L. F. Sauvé.

Mactra lavignon (Cuvier). — LE LAVIGNON.

availlon, m., Saintonge, Palissy cité par God.
lavaignon, m., Saintonge, Duham., 1769, I, chap. 3, p. 78.
lavagnon, m., La Rochelle, r. p. — Saint-Trojan (Char.-Inf.), A. Thomas (dans *Romania*, 1897, p. 432.). M. A. Thomas y étudie le mot *lavagnon*, dont l'origine est obscure. Le passage suivant servira peut-être à l'expliquer : « On trouve ce coquillage dans la boue, où il noircit sa coquille, en sorte qu'on la croirait noire, mais en le *lavant* bien, il reprend sa couleur blanche. » *Dict. de Trév.*, 1752.
avignon, m., fr. dial., Duhamel, 1769, I, chap. 3, p. 74. — Noirmoutier, Piet, p. 275.
lavignon, m., Poitou et Aunis, *Mém. de l'acad. des sciences*, 1710, p. 446.
lavegnon, m., Vendée, Buisson, *Veillées vend.*, 1892, p. 243.
davignô, m., Guérande (Loire-Inf.), Auzou, *La presqu'île Guérand.*, 1897, p. 33.

« Ouvrir des yeux comme des coquilles d'avegnons = *ouvrir de grands yeux.* » Vendée, *Rev. du Traditionn.*, 1906, p. 132.

Mactra rostracea (Linné).

kia, m., Carolles (Manche), Le Breton, p. 40. (Nommé ainsi du bruit qu'il fait en ouvrant sa coquille.)

fla, m., Granville, A. de Quatrefages, *Souvenirs d'un natural.*, I, 345.

Tellina (genre) (Linné). — **LE FLION.**

flodo, l. du m. â., Du C. « Pistancia facendia cum flodonibus et sepiis. »

teline, f., Languedoc, Rondelet, 1558.

tenille, f., fr. dial., Graindorge, *Origine des macreuses*, 1680, p. 12. — Roussillon, Narbonne, Agde, Duham., 1769, I, chap. 3, p. 92-93.

ténilho, f., Lauraguais (Aude), A. Fourès, *Cants del soulelh*, 1891, p. 270.

flion, m., Normandie, Belon, 1555; Rondelet, 1558. — Basse-Normandie, Duham., 1769.

flhon, m., Bessin (Calv.), Joret.

félion, m., Thaon (Calv.), Guerlin.

flie, f., Basse-Normandie, Duham., 1769, I, chap. 3, p. 64.

palourdon, m., *lavegne*, f., Aunis et Poitou, *Mém. de l'acad. des sciences*, 1710, p. 457.

Solen (genre) (Linné). — **LE COUTEAU.**

(Voy. *Faune pop.*, t. III, p. 221).

couteau, m., franç., Rondelet, 1558; etc., etc.

coutèl, m., Aude, Laff.

couteleux, m., Saintonge, B. Palissy cité par A. Thomas, *Ess. de philol. franç.*, 1897, p. 159.

coutelè, m., Saint-Trojan (Char.-Inf.), A. Thomas, *Ess. de philol. fr.*, 1897, p. 159.

coutelat, m., franç. dial., DUHAM., 1769, I, chap. 3, p. 74. — Vendée, BOISSON, *Veillées vend.*, 1892, p. 240.
coutelier, m., Aunis, DARGENVILLE, 1742.
coutellière, f., franç., NIC. DENYS, *Dict. géogr. des Côtes d'Amérique*, 1672, I, 83.
pied de couteau, m., Belle-Ile, LE GALLEN, *Belle-Ile*, 1906, p. 536.
manche de couteau, m., franç., BELON, 1555, p. 414; etc., etc.
couteau de Saint-Jacques, m., franç., A. THOMAS, *Ess. de philol. fr.*, 1897, p. 159.
manchot, m., *mansot*, m., Normandie, CONSTANTINUS, 1573.
mançô, m., Dives (Calvados), r. p. — C.-du-N., SÉBILLOT, *Folkl. des pêch.*, 1901, p. 238.
manchon, m., fr. dialect., DUHAM, 1769, I, ch. 3, p. 76.
doigt, m., franç., FAVART, 1775.
dalh, m., La Teste (Gironde), MOUREAU.
dille, f., franç. dial., *Dict. de l'encycl.*, 1751. (Faute de copie pour *daille*?).

« On appelle *mončotoué*, m., un petit crochet recourbé pour prendre les couteaux. » C.-du-N., SÉBILLOT, *Folkl. des pêcheurs*, 1901, p. 263.
« *On dit au couteau :* mançô, sers-nous à boiter (*à amorcer*) ou si tu n'y sers pas, tu seras haché comme chair à pâté. » C.-du-N., SÉBILLOT (dans *Rev. de ling.*, 1881, p. 194.)

Pholas (genre) (LINNÉ). — LA PHOLADE.

dactylus, anc. nomenclature.
mentula monachi, anc. nomencl., FAVART, 1775, III, 128.
dédaou, m., *dày'*, m., provençal, MISTRAL.
dail, m., Aunis, Poitou, DARGENVILLE, 1742.
dati, m. (accent sur *da*), fr. dialect., J.-J. BOUCHARD, *Confess. et voy.*, 1630, édité en 1881, p. 148. — Cette, CASTELNAU,

Félibrée des abeilles, 1896, p. 27. — Etang de Thau, GOURRET, 1896. — Toulon, *Arman. prouvençau*, 1874.
ploûze, f. (espèce de pholade), Bessin, JORET.
pitaut (pitô), m., Normandie, DARGENVILLE, 1742. — Le Havre, MAZE.
pitàn, m., Provence, MISTRAL.
dérte, fr., Grandcamp (Calvados), *Soc. des amis d. sciences natur. de Rouen*, 1897, p. 384.
borer, anglais, BROOKES, 1815.
piddock, anglais, MENDES, 1778.

Toponomastique : La Plano déï Dédaous, petit plateau des envir. d'Aix, couvert d'empreintes de pholades fossiles. MISTRAL, I, 710.

Teredo navalis (LINNÉ). — **LE TARET**.

pholas teredo, nomencl. de FABRICIUS; *teredo batavus*, nomencl. de SPRENGLER; *teredo utriculus*, nomencl. de GMELIN.
taret, m., français.
vermiculaire perceur, perceur de navire, franç., MENDES, 1778.
broumo, f., Marseille, GROS, 1763, p. 70.
zee-houtworm, paalworm, kokerworm, boorworm, hollandais.

Aspergillum (genre) (BRUGUIÈRE).

serpula penis, nomencl. de LINNÉ. — *phallus*, anc. nomencl., DARGENVILLE, 1742. — *penicillus*, autre nomenclature.
plume, membre viril de mer, franç., BOREL, *Antiqu. de Castres*, 1649, p. 135.
pinceau de mer, brandon d'amour, arrosoir, franç., DARGENVILLE, 1742.
tuyau, tuyau de mer, prépuce, franç., BRUG., 1792.
pennache de mer, vit volant, franç., COTGR., 1650. (Ce mollusque ressemble à un membre viril qui aurait des ailes.)

Anatifa lævis (LAMARCK). — **LE CRAVAN.**

concha anatifera, lepas anatifera, arbor conchifera, autres nomenclatures.

cravan, m., franç. du XVIe s., G. BOUCHET, *Serées,* éd. Royb., I, 99. — Vendée, SERPEAU-DELIDON, *Guide aux Sables d'Ol.,* 1873. — provenç., ACHARD, 1785.

craouan, m., gascon, MISTR.

gravan, m., *gravant,* m., anc. fr., DUEZ, 1678.

cavalàn, m., Toulon, *Arman. prouvençau,* 1874, p. 17.

bernacle, f., *bernache,* f., *barnache,* f., *brenache,* f., Bretagne.

bisnacle, m., franç., LA LANDELLE, *Epaulettes d'amiral,* 1857, p. 114. « *On ne m'a pas carotté d'un bisnacle* = on ne m'a pas fait tort d'un sou. »

besnesque, f., normand, doc. de 1557, *Romania,* 1902, p. 360. « Ung sapin venu à gravage tout couvert de *besnesques.* »

sapinette, f., franç., GRAINDORGE, *Origine des macreuses,* 1680, p. 4. (On l'appelle ainsi parce qu'elle prend naissance sur les pièces de bois de sapin.)

goose-shell, anglais, BRUG.

barnacle, angl. en 1581, MURR. — *duck-barnacle,* angl., BROOKES, 1815. — *goose-shell,* angl., BRUG., 1792. — *eende-hals,* holland., BRUG. — *stock-aenden, angle-tasker,* danois, BRUG.

Sur ce mollusque donnant naissance à certains oiseaux de mer, voyez : MAX MÜLLER, *Lectures on the science of language,* London, 1871 ; DE GUBERNATIS, *Mythol. des plantes,* I, 65; BENFEY, *Orient und Occident,* 3, 189.

Pour ce mollusque dans la mythologie figurée des anciens, voyez : FRÉDÉRIC HOUSSAY, *Théories de la genèse à Mycène et sens zoologique de certains symboles* (dans *Revue archéologique,* 1895, p. 1-27.)

Anatifa pollicipes (LAMARCK) — **LE POUCEPIED.**

poulsepied, m., franç., BELON, 1555. — *poussepied,* m., fr., DARGENVILLE, 1742. — *pousso-pé,* m., provenç., ACHARD, 1785.

Balanus (genre) (LINNÉ). — **LE GLAND DE MER.**

glans, lepas balanus, autres nomenclatures.
gland de mer, m., franç., *Dict. des arts,* 1732.
aglàn dé mar, m., provençal, PELLAS, 1723.
couyoun dé mar, m., *couyoun dé gat,* m., provençal, ACHARD, 1785.
balane, franç. COTEREAU, *Colum.,* 1552, p. 443.
acorn-shell, anglais, MURRAY.

Ascidia (genre) (LINNÉ).

tethya, anc. nomenclature, RONDELET, 1558.
vichonus, marseillais latinisé, GILLIUS, 1533, p. 384.
bechus, m., languedocien, RONDELET, 1558.
bichu, m., Cette, CASTELNAU, *Felibrée des abeilles,* 1896, p. 26.
bijutt, m., Cette, *Armana cetori,* 1894, p. 28.
viché, m., Toulon, *Arman. prouvençau,* 1874, p. 17. — La Crau, MARREL, *Gangui,* 1899.
vichas, m., *vichérasso,* f., *vioulé,* m., provençal, ACHARD, 1785.
dati dé mar, La Crau (B.-du-R.), MARREL.
reclus marin, m., franç., BRUG., 1792.
cazzo de mar, vénitien, BOERIO.
carnumi, ital. de Livourne, BRUG., 1792.

Echinus (genre) (LINNÉ). — **L'OURSIN.**

echinus, latin.
marinus erinaceus, anc. nomencl., CORDUS, 1561.

rascassus, marseillais latinisé, GILLIUS, 1533.

rascas (une variété d'oursin), m., Marseille, *Armana mars.*, 1891, p. 36.

hérisson de mer, m., franç., BELON, 1555.

arissoun, m., *alissoun*, m., niçois, PELLEGRINI.

éy'ris dé mar, m., provençal, MISTRAL.

ursin, m., *doucin*, m., *migraine*, f., Marseille, RONDELET, 1558 (Quand ses piquants sont tombés, il ressemble à une *migraine* = grenade).

doulcin, m., *doulcin rascaz*, m., Marseille, BELON, 1555.

orsin de mar, m., provençal, SOLERIUS, 1549.

oursin, m., *bouton de mer*, m., franç., DARGENVILLE, 1742.

ooussin, m., provençal, ACHARD, 1785.

castagno (une espèce d'oursin), Marseille, *Armana mars.*, 1891, p. 36.

chastaigne de mer, f., franç., CONSTANTINUS, 1573.

castagnola, f., Hérault, WESTPHAL.

maron de mer, m., fr., LUILIER, *Voyage*, 1705.

frase de mer, f., Mont-Saint-Michel, LE HÉRICHER, 1879.

gros bouton, m., franç., GERSAINT, 1736.

teurec, breton de l'île Molènes, *Arch. f. celt. Lexicogr.*, III, 253.

istrice, m., italien, CORAZZINI.

galeta de mar, vénitien, BOERIO.

cake-urchin, *button-fish*, anglais, MURRAY.

scaud-man's head, écossais, JAM. (Quand il est dépouillé de ses piquants).

« Aou més d'avoust sé pesco gés d'oursin. » *Arman. prouvenç.*, 1861.

« *Sémblo qué mi frétoun lou ventré ém' un oursin* = ils croient me faire plaisir et ils m'ennuient. » Provence, AVRIL.

Echinus spatangus (Linné.)

spatgangitus, lupellus, lat. du moy. â., Goetz.
spatangius, spatarius (?), l. du m. â., Du C.
spatagus, spatangus, anc. nomencl., xviie s., Dargenville.
pas de poulain, franç., Dargenville.
oursin judièou, m., provenç., Mistr.
cunts (mot obscène), *meermaid's heads,* anglais, Merrett, 1667, p. 192.

Asterias (genre) (Linné). — **L'ÉTOILE DE MER.**

marina stella, anc. nomenclature, Gillius, 1533.
estoille de mer, f., franç., Boaisteau, *Hist. prodig.*, 1561, f^et 64; etc., etc.
éstélo, f., B.-du-Rh., Marrel.
petite étoile, f., franç., Ch. de Gamon, *Pescheries*, 1599, f^et 13, v^o.
fifote, f., Dives, Grandcamp, Etretat. (De l'anglais *five-foot*).
fouace, f., Le Croisic, Ed. Richer, *Descript. du Croisic,* 1823.
trois pieds, m., île de Ré, Kemmerer.
tripié, m., Arromanches, Joret.
selmo, falso selmo, stela, vénitien, Boerio.
sea-star, sea-pad, roses, prizers, fingers, angl., Merrett, 1667. — *cross-fish,* écoss., Jam.

Medusa (genre). — **LA MÉDUSE.**

urtica marina, lat. de Pline.
pulmo marinus, ancienne momenclature, Gillius, 1533.
carneus pileus, marseillais latinisé, Gillius, 1533, p. 584.
chapeau carnu, m., Marseille, Rondelet, 1558.
car marino, f., provençal, Mistral.
pote, f., Languedoc, Rondelet, 1558.
pota, f., Hérault, Westphal.

poumon de mer, m., *esponge de mer*, f., franç., DUEZ, 1678.
marmou, m., Gironde, *Voyage pittor. à la Tour de Cordouan*, 1847, p. 19. — Aunis, L. E. MEYER.
margonde,, f., Carolles (Manche), LE BRETON, p. 40.
morgoule, f., français de l'Ouest, *Dict. de Trév.*, 1752. — Loire-Inf., FRENILLY, *L'arrond. de Savenay*, 1823.
morgoulhe, f., Le Croisic, ED. RICHER, *Descr. du Crois.*, 1823.
sagône, f., Bessin, JORET. — Honfleur, ROBIN.
sogome, f., Port-en-Bessin (Calv.), JORET.
sougale, f., *gluant d'eau*, m., C.-du-N., SÉBILLOT (dans *Rev. de ling.*, 1881, p. 196.)
madelaine, f., Cayeux (Somme), CORBLET.
bonnet flamand, m., franç., BERNARDIN DE SAINT-PIERRE, *Voy. à l'Isle de Fr.*, 1773, I, 43.
péy'ssoun d'aïgo, m., Provence, MISTR.
glàyo, f. (l'espèce appelée *aurélie*), *maou d'uéy*, m. (l'esp. app. *grand rhizostome*), B.-du-Rh., MARION, *Faunes des ét. des B.-du-Rh.*, 1886, p. 12.
méduse, ortie de mer, gelée de mer, gélatine de mer, français.
coquecigrue, f., franç., MÉNAGE, 1750.
elschouwe, f., anc. fr., doc. de 1567, GOD.
vromu, bromu, sbòmmicu, ogghiu-a-Mari, sicil., CAGLIA ; MACALUSO.
fyke, écossais, JAMIESON.
natura di viyea, capacha de velha, espagnol, DU PINET, 1660, p. 135. — *alforreca*, portugais, VANDELLI.

« Les poulmons de mer présagissent la tormente, quand on les voit nager sur mer, à fleur d'eau. C'est un miracle en nature que de leur propriété, car si on en frotte une gaule ou un baston, il luyra de nuyt comme une torche allumée. » DU PINET, 1660, p. 135. — « Les matelots appellent la méduse *chandelle marine*. » *Dictionn. Larousse*.

Actinia (genre) (Brown). — **L'ANÉMONE DE MER.**

urtica, anc. nomenclature, Gillius, 1533.
urtica parva, anc. nomenclat., Rondelet, 1558.
urtica explicata, *urtica contracta*, *cunnus marinus*, anc. nomencl., Bauhin, *Pinax theatri botanici*, 1671, p. 369.
urtie marine, f., franç., Du Pinet, 1660, p. 136.
urtigo, f., Marseille, Rondelet, 1558.
cul d'asne, m., Normandie, Belon, 1555, p. 355. (Parce qu'elle se gonfle et se retire comme un cul d'asne.)
cul de cheval, m., français, Rondelet, 1558. — Aunis et Poitou, *Mém. de l'Acad. des Sciences*, 1710, p. 467.
cul de jument, *bonnet basque*, *game de chien* (= bave de chien enragé), f., *pày'ssar* (= poisseux), m., C.-du-N., Sébillot (dans *Rev. de ling.*, 1881, p. 189).
cubasseau, m., franç., dial., Rondelet, 1558.
cubassô, m., Carolles (Manche), Le Breton, p. 38.
bassaoutt (= vassal), m., La Teste (Gironde), Moureau.
rosa, f., Languedoc, Constantinus, 1573.
rastégo, f., *rastigo*, f., *rastégno*, f., provençal, Mistral.
anémone de mer, français.
œillet de mer (= Actinia equina. L.), Brug.
posterol (= Actinia judaica. L.), m., languedoc., Rondelet, 1558.
potta marina, *animali-fiori*, italien, Corazzini.
blubber, anglais (in Cornubiâ), Merrett, 1667, p. 194.

« Bonnet basque et cul de jument Nourriture du flétan. » C.-du-N., Sébillot (dans *Rev. de ling.*, 1881, p. 189).

Holothuria (genre) (Bruguière).

genitale marinum, nomenclat. de Belon, 1555.
tethya, *hydra*, *mentula marina*, *priapus marinus*, *veretellum*, *epipetron Gesneri*, autres nomenclatures.

vichonus, marseillais latinisé, GILLIUS, 1533.
olothyre, f., franç., DU PINET, 1660, p. 135.
vit de mer, m., Provence, Languedoc, RONDELET, 1558.
vioulé, m., *vichass*, m., *vichérasso*, f., Provence, ACHARD, 1785.
vié marin, m., Bouches-du-Rh., VILL.
dati dé mar, m., La Crau, MARREL.
cazzo di mare, cazzo marino, mentula marina, italien.

Isis nobilis (LINNÉ). — **LE CORAIL.**

coral, anc. français. — Pas-de-Calais.
corail, m., franç., POMET, 1694; etc., etc. (Il y a *le corail rouge, le corail blanc, le corail noir* et *le faux-corail noir* ou *antipathes*. POMET.)
courahl, m., *coural*, m., languedocien.

« Le corail symbolise la magnanimité et la constance parce qu'il s'affermit quand on le touche. » J. BOISSE, *Descr. d'un médicam.*, 1619, p. 29.

Madrepora (genre) (LINNÉ).

porus, porus matronalis, millepora, retepora, fungus lapideus, fungus saxeus, anc. nomenclatures.
œillet de mer, champignon de mer, franç., GERSAINT, 1736.
zensamin de mar, giansemin de mar, vénitien, BOERIO.
fungo de mar, vénitien, CORAZZINI.
kraansie, écossais, JAMIESON.

Madrepora astoites.

énganiéou, m., provençal, MISTRAL.

Alcyonium (LINNÉ). — **L'ÉCUME DE MER.**

alcyonium, spuma maris, pila marina, bursa marina, fungus auricularis, favago australis, anc. nomencl., C. BAUHINUS,

Pinax theatri botanici, 1671. (A cette époque, l'*Alcyonium* était rangé parmi les plantes.)

alcionium spongiosum, algæ pomum Monspeliensium, pulmo marinus, sphœra marina, vesicaria marina, anc. nomenclat., MAGNOL, *Botanicum monspel.*, 1686, p. 7.

aurantium marinum, nomencl. de MARSILLI.

bourse de mer, figue de mer, main de mer, main de ladre, main de larron, franç., BRUG., 1792.

orange de mer, orteil de mer, rognon de mer, main de diable, franç., NEMN., 1793.

dead-man's toe, angl., BRUG., 1792. — *doode-mans hand* of *duymen*, holl., BRUG.

Spongia (genre) (LINNÉ). — **L'ÉPONGE.**

esponge, f., anc. fr. — *espoungo*, f., provenç., AVRIL. — *éponge*, f., français.

mermaid's glove, mermaid's purse, écossais, JAM.

CRUSTACÉS

Cancer (genre) (Fabricius) **et Portunus (genre)** (Fabricius). — **LE CRABE.**

(Voy. *Faune popul.*, t. III, p. 225.)

cancer, latin.
cancer marinus, anc. nomenclat., Simon Januensis, 1486.
carabassus, marseillais latinisé, Gillius, 1533, p. 576.
cancre marin, m., *cancre de mer*, m., *cancre*, m., *chancre de mer*, m., *chancre*, m., *crabe marin*, m., anc. franç.
cranc, m., franç., P. Boyer, *Voy. de Bretigny*, 1654, p. 302.
cránk, m., *cránco*, f., Aude, Hérault.
grán, m., *gránche*, f., La Teste (Gir.), Moureau.
craibe, f., Normandie en 1437, Robillard, *Arch. eccl. de la Seine-Inf.*, 1866, I, 120.
crabe, m., fr. anc. et mod. (Dans les dialectes modernes et quelquefois en ancien fr., le mot est *féminin*.)
crabre, anc. fr., Calanius, *Entretenement de santé*, 1550, fet 21, r°.
crable, anc. franç., *Tracas de la foire du pré*, éd. Sidred., 1869, p. 28; Dargenville, 1742, passim.
crape, f., normand, Const., 1573. — Côtes-du-Nord, Manche, Calvados, Pas-de-Calais.
crappe de mer, f., franç., docum. de 1580, Baudrier, *Fourn. de la table du duc de Mayenne*, 1900, p. 11.
grape, f., *grapiyon* (jeune crabe), m., Côtes-du-Nord.
ronde escrevisse de mer, f., franç., Duez, 1678.

tourlourou, m., franç., P. BOYER, *Voy. de Bretigny*, 1654, p. 302. — franç. des Antilles, LEGUAT, *Voyages*, 1721, I, 118. — Brest, FRANC. MICHEL, *Etudes sur l'argot.*

favou, m., Etang de Berre, MISTRAL.

faou, m., *foou*, m., Var.

favou, m. (le mâle), *favouyo*, f. (la femelle), Martigues (B.-du-Rh.), c. p. M. ED. EDMONT.

favouyo, f., provenç., ACHARD, 1785.

farfouyo, f., embouchure du Rhône, MISTRAL.

fagoulo, f.. Var, MISTRAL.

favouille, f., français employé par MADAME DESHOULIÈRES dans le passage suivant : « On ne voit que des mets tristement nourrissants, Des poix, des choux, l'oignon, la rave, la citrouille, L'écrevisse de mer et les hoursins piquants, La sauterelle et la favouille. »

favouyoun, m., provençal, *Bouil-abaisso*, journal, II (1844), n° 19.

Toponomastique : *La Tour aux Crabes*, anc. tour à Dieppe, FÉRET, *Not. sur Dieppe*, 1824, p. 3.

Le Fort à Crabes, nom d'un fort près de Calais, HAIGNERÉ.

Le crabe qui vient de muer est appelé :

poltron, m., français, DUHAMEL, 1769, I, 32.

cràn mol, m., Montpellier, c. p. M. P. CHASSARY.

crabe mollet, m., Courseulles-s.-M. (Calv.), r. p.

sourlonglé, Cancale, DAGN. et MAT.

moléçhe, f., frioulan, PIRONA.

wrong heir, anglais, MERRETT, 1667.

Le crabe qui a mué et dont la carapace commence à se reformer est appelé :

craquelin, m., *craquelot*, m., fr., DUHAM., 1769, I, 32.

« *Grànchéy're* = lieu où se tiennent cachés les crabes. » La Teste (Gironde), MOUREAU.

« Cet autre au sortir de la table Marchant de travers comme un crable », anc. fr., *Tracas de la foire du pré*, éd. Sidred., 1869, p. 28.

« Ce sont vrays cancres marins, ils n'ont que les pieds et le ventre, les pieds dont ils fuyent et le ventre pour manger. » LOUIS D'ORLÉANS, *Banquet d'Arete*, 1594, p. 31.

« Le cancre ne desmord et ne laisse prise qu'à force de souffler. » XVIe s., G. BOUCHET, Sér., II, 37.

« *Cancrarium, vulnus cancrosum, vulnus cancrenum* = blessure devenant cancéreuse; *cancrizare* = devenir cancéreux. » lat. du m. â., DU C.

« *Fày'ré uno favouyo* = faire une sottise, un impair. » Provence, AVRIL.

« Je suis un vieux crabe, je n'ai jamais sommeil. » langage des marins, H. VERLY, *Van Brabant*, 1890, p. 98. — « Si tu brasses à culer, si tu rejettes ma proposition, tu es un nom de Dieu de crabe. » DUBARRY, *Roman d'un baleinier*, 1869. — « On n'écrase pas un homme, comme un crabe, d'un coup de pied. » SOUVESTRE, *Traîneur de grèves*, 1856.

« Un crabe d'une grandeur fantastique vient toutes les nuits nettoyer le port de Marseille. » L'HUISSIER, *Aventure de Jean Michel*, 1898, p. 525.

« Que les crabes me mangent les yeux, si j'ai voulu lui faire du tort ! » SOUVESTRE, *Traîneur de grèves*, 1856.

Antoine de Harsy, imprimeur à Lyon, vers 1593, avait comme marque d'imprimeur un *crabe* qui semble vouloir saisir un papillon, avec cet exergue : *matura*.

Cancer mænas (LINNÉ). — **LE CRABE ENRAGÉ.**

carcinus mænas, portunus mænas, autres nomenclatures.
crabe enragée, crabe aragée, grape éragie, Normandie.

crabe courèsse, f., Carolles (Manche), LE BRETON, p. 38.
boursière, f., français, NEMNICH, 1793.
crabe rouge, f., *chancre rouge*, m., Vendée, Ile de Ré.
granchiessa marina, *grancevola*, *granceola*, ital., CORRAZ. — *granzo* (le mâle), *masanetta* (la femelle), ital. de l'Adriatique, KRISCH. — *majaneta* (avec *j* franç.), Trieste, KOS.

Cancer pagurus (LINNÉ). — **LE TOURTEAU.**

grape franche, f., Courseulles-s.-M. (Calv.), r. p.
crabe franche, f., *sorô*, m., Varengeville-sur-Mer (S.-Inf.), r. p.
seuron, m., anc. franç., DIEF.
tourteau, m., *torteau*, m., franç., COPPIER, *Voyage*, 1645. — Le Havre, DUHAM., 1769.
touortô, m., Bessin, JORET.
pâte, f., Noirmoutier, CAVOLEAU.
poupart, m., Normandie, LE CORDIER, *Pont-l'Evesque*, 1622, p. 184. — Manche, Calvados.
clos-poing, m., Coutainville (Manche), *Guide de Coutainville*, 1890.
clhô-pouin, m., Bessin, JORET.
poing-clos, m., Saint-Malo, JORET.
rousseau, m., normand, CONSTANTINUS, 1573.
gourballe, franç. dialect., LITTRÉ, s. v° *crabe*.
gourgalle, f., Ile de Ré, DUHAMEL, 1769, I, chap. 3, p. 76.
oudè, m., Jard (Vendée), L. CHARRIER, *Jard*, 1906, p. 63.
houvè, m., Carolles (Manche), LE BRETON. — Coutainville (Manche), *Guide de Coutainv.*, 1890. (On l'appelle ainsi parce qu'on le fait sortir des rochers avec une *houette*.)
endormi, m., île de Ré, DUHAM., 1769, I, chap. 3, p. 76. — Jard (Vendée), L. CHARRIER, *Jard*, 1906.
dormeur, m., Somme, Seine-Inf.
chien, m., Carolles (Manche), LE BRETON.

chancre de rocher, m., *rocher*, m., Vendée, CAVOLEAU, — île de Ré, KEMMERER.

chancre rochutt, m., Gironde, Char.-Inf. [« On dit : *c'est un ménage de chancres rochuts*, la femelle vaut mieux que le mâle. » Saintonge, JÔNAIN.]

cràn rouquié, m., Provence, MISTR.

kouskér (= dormeur), *kouskour*, *kouskerés* (= dormeuse), breton vannetais [E. E.].

granciporro, italien. — *facchino*, Golfe de Venise, OLIVI.

punger, anglais, MERRETT, 1667. — *partan*, *partin*, *lobster-toad*, *pow*, *poo*, *carl-crab* (le mâle), *firy-tangs*, écossais, JAM.

Cancer floridus (BOSC).

chancre de vase, *chancre puant*, Gironde, *Actes de la soc. linn. de Bord.*, 1847, p. 275.

Cancer spinifrons (LAMARCK).

eriphia spinifrons, nomencl. de LATREILLE.

potar, m., Noirmoutier, BOUCHERON, *Monde des Côtes de Noirm.*, 1886.

Cancer cinereus (BOSC).

bras de fer, m., île de Ré, KEMMERER.

Portunus holsatus.

druètte, f., Grandcamp (Calv.), *Soc. d. amis d. sciences nat. de Rouen*, 1897, p. 352.

Portunus marmoreus (LEACH).

demoiselle, f., *matelot*, m., Noirmoutier, BOUCHERON, *Monde des Côtes de Noirm.*, 1886.

Portunus puber (Fabricius). — **L'ÉTRILLE.**

cancer velutinus, nomencl. de Pennant.
cancer puber, nomenclature de Linné.
grape pelue, f., C.-du-N., Sébillot (dans *Rev. de ling.*, 1881, p. 191).
crabe à laine, *crabe espagnol*, franç., Chenu, *Encycl. d'hist. nat.*
estrille, f., anc. franç.
étrille, f., français moderne.
étrile, f., Calvados, r. p.
triy', f., Dives (Calvados), r. p.
clhacar, m., *pèlkié*, m., Calvados.
pied de trait (= compas), m., Grandcamp (Calv.), r. p.
cràn roukié, m., Hérault, Westph.
chancre nageron, m., Noirmoutier, Boucheron, *Monde des Côtes de Noirm.*, 1886.
fioupélàn, m., provençal, Achard, 1785.
bec de perroquet, Côtes de l'Ouest, Kemmerer.
lyret, m., franç. dialect., Labille, p. 155.
chancre padelle, Gironde, *Actes de la soc. linn. de Bordeaux*, 1847, p. 274.

Portunus corrugatus (Pennant).

petite étrille, f., français.
craquenelle, f., Côtes-du-Nord, Littré, au *Supplém.*

Pagurus bernhardus (Farricius). — **LE BERNARD L'ERMITE.**

cancellus, latin du moyen âge, Du C.
bernhardus eremita, anc. nomencl., Worm, *Museum wormianum*, 1655, p. 250.

cancer bernhardus, nomenclature de LINNÉ.
bernard l'hermite, m., français du Languedoc, RONDELET, 1558; etc., etc.
hermite, m., *bernard le cancreau*, m., anc. fr., CHR. DE GAMON, *Pescheries*, 1599, fet 13, vo.
hermite de mer, m., franç., BOREL, *Antiquités de Castres*, 1649, p. 135.
pauvre homme, m., franç., *Dict. de Trév.*, 1752.
soldat, m., franç., COPPIER, *Voyage*, 1645, p. 107; LABAT, *Nouv. voy. aux Isles*, 1722, VI, 415.
coucou, m., Cancale, DAGN. et MAT.
gendarme, m., Dives (Calvados), r. p.
cornibichia, m., Courseulles-s.-Mer (Calv.). r. p.
cônibuchè, m., Carolles (Manche), LE BRETON, p. 40.
côn'bichètt', f., Coutainville (Manche), *Guide de Coutainville*, 1890, p. 29.
cocantin, m., C.-du-N., SÉBILLOT (dans *Rev. de ling.*, 1881, p. 189).
pagrure, m., anc. fr., J. GRÉVIN, *Œuvres de Nicandre*, 1567, p. 51.
bernardo il solitario, ital. — *branca, branchua*, Gênes. — *bernardo el eremitano, caracol-soldado*, espagn. — *soldaat, kreestlak*, holland. — *kakerlot*, Ostende.

La coquille qui est habitée par un bernard l'ermite est appelée :

biou cambu, m., Provence, RONDELET, 1558.
biéou cambu, m., *biéou harpu*, m., provenç. ACHARD, 1785.
bioou arpu, m., *piado*, f., B.-du-Rh., VILLENEUVE.
ran à pieds, m., Grandcamp (Calv.), *Soc. d. amis des sc. nat. de Rouen*, 1897, p. 352.
bulot à pattes, m., Normandie, Picardie, LITTRÉ, au *Supplém.*

« Aller de travers comme un cocantin ». C.-du-N., SÉBILLOT,

(dans *Rev. de ling.*, 1881, p. 189). « *Crochu comme un cocantin* = personne mal bâtie. » ID., *id.*

Perimela denticulata (MONT.).

tourtéou, càncré foou, Bouches-du-Rh., VILL.

Dorippe mascaronius (LATREILLE).

masca, f., Nice, RISSO, *Crustacés de Nice*, 1816.

Maia squinado (LAMARCK). — **L'ARAIGNÉE DE MER.**

maia, lat. de PLINE.
aranea maris, l. du m. â., BENECKE.
folca, folcia, l. du m. â., DIEF.
cancer squinado, nomencl. de RONDELET, 1558.
cancer oblongus, nomenclat. de LINNÉ.
marina aranea, nomencl. de CORDUS, 1561.
squinada, marseillais latinisé, GILLIUS, 1533, p. 574.
squinado, f., Provence, RONDELET, 1558.
squaranchon, m., *gritta*, f., *grampella*, f., Provence, CONSTANTINUS, 1573.
chabre, f., français dialectal, CONSTANTINUS, 1573.
cabra, f., Hérault, WESTPHAL.
cancre de Barbarie, m., franç., DU PINET, 1625, I, 269; DUEZ, 1678.
maie, f., franç., DU PINET, 1605, cité par GOD.
crànca màya, f., Cette, H. CASTELNAU, *Félibrée des abeilles cettoises*, 1896, p. 26.
cambarò, m., Provence, ACHARD, 1785.
chabre, f., *carbasse*, f., *fagule*, f., Montpellier, CONST., 1573.
cabra, f., Hérault, SOULET, *Pescadous langad.*, 1893.

crabe de mai, m., *araignée*, f., *houv'lin*, m., Normandie.
yraigne de mer, f., franç., Belon, 1555.
araignée de mer, f., franç., Le sieur ***, *Le cuisinier instruit*, 1758, II, 217.
granzievola, Trieste. — *grancefellune*, Naples. — *esqueiro*, Pontevedra, Cornide. -- *sapateira*, portugais, Cornide. — *boi*, *noca*, galicien, Cornide.

Calappa granulata (Fabricius).

migraine, f., Languedoc, Rondelet, 1558.
crabe honteux, *migrane*, *coq de mer*, franç., Chenu, *Encycl. d'hist. nat.*

Pinnotheres veterum (Bosc).

chancre des moules, Gironde.

« Gardons-nous du cancre qui hume les huistres. » *Le Ballieux des ordures de ce monde*, Rouen, 1600, p. 12.

Palæmon (genre) (Fabricius) et Crangon (genre) (Fabricius). — LA CREVETTE.

(Voy. *Faune pop.*, t. III, p. 228.)

locusta piscis, *caranus*, *caraunus*, l. du m. â., Simon Januensis, 1486.
crevette, f., franç., Belon, 1555; etc., etc. — normand, Const., 1573. (Sur l'étymol. de ce mot voy. *Romania*, VIII, 383; *Zeitsch. f. rom. Philol.*, IV, 383.)
kërvètte, f., *bique*, f., Ile d'Oléron, c. p. M. Ed. Edmont.
k'vrètte, f., Yport (S.-Inf.), *Rev. des parl. pop.*, 1902, p. 73.
escrevette, f., franç., Cl. Cotereau, *Colum.*, 1552, p. 439.
chevrette, f., franç., Belon, 1555. — Loire-Inf. — D'où *chevrettière* = filet à prendre les chevrettes dans l'Ouest.

chevrotte, f., Paris, RONDELET, 1558.
crape, f., Valenciennes, HÉCART.

De la crevette = des femmes faciles. — « Il y a toujours un de ces procureurs de femmes qui se faufilent dans les parties à femmes; ces parasites sont de toutes les fêtes dont on dit : *il y a de la crevette*, et la débauche générale facilite leurs relations dans le monde qui s'amuse. » FLÉVY D'URVILLE, *Ordures de Paris*, 1874, p. 34. — « A ce souper *il y a de la crevette*. — Qu'est-ce que cela me fait ? » BALZAC, *Ursule Mirouet*.

Palæmon serratus (PENNANT) et **Palæmon squilla** (LEACH). — **LA CREVETTE ROUGE.**

squilla, scylla, scyilla, l. du m. â., GŒTZ. — *squilla parva, squilla gibba, lota*, l. du m. â., DU C.
cammarugia, pernoccia, l. du XVIe s., BRUYERINUS, *De re cibaria*, 1560, p. 1087.
cancer squilla, nomencl. de LINNÉ.
squille, f., Bordeaux, RONDELET, 1558.
petite squille, f., franç., DU PINET, 1625, I, 276.
esquire, f., Bayonne, DUCÉRÉ. — La Teste (Gir.), MOUREAU.
gàmbä, f., Collioure (Pyr.-Or.), c. p. M. ED. EDMONT.
camary de mer, m., anc. fr., GOD.
caramot, m., Languedoc, BELON, 1555.
caramota, f., Languedoc, RONDELET, 1558. — Hérault, WESTPH. — Etang de Thau, GOURRET.
caràmbo, f., *caràmboou*, m., provenç., AVRIL; MARION, *Faunes d. étangs des B.-du-Rh.*, 1886.
carambot, m., *cambarot*, m., provenç., ACHARD, 1785.
gàmbaro, m., mentonais, ANDREWS.
langoustin, m., Languedoc, RONDELET, 1558.
petite crevette, français.

petite creviche, f., Guyenne, DUHAM., 1769, I, 32.
chevron, m., *maniguette*, f., Bretagne, DUHAM., 1769, I, 32.
grenade de mer, f., français, BOREL, *Antiq. de Castres*, 1649, p. 135.
grenade, f., Dunkerque, DUHAM., 1769, I, 32. — Valenciennes, HÉCART. — montois, SIGART. — (D'où *grenadier*, *grenadière* = filet à prendre les crevettes, selon TOUSSAINT.)
guernette, f., franç., JUNIUS, 1577.
ghërnate, f., Valenciennes, HÉCART. — Lille, DEBUIRE.
bouquet, m., Normandie, LE CORDIER, *Pont l'Evesque*, 1622, p. 184. — Ille-et-V., Manche, Calvados, S.-Inf. — (D'où *bouquetou*, nom du filet à pêcher les crevettes, dans le Calvados et la Manche.)
bétcheû, m., Bessin (Calv.), *Bull. d. parl. norm.*, 1899, p. 201.
civada, f., Languedoc, RONDELET, 1558. — Etang de Thau, GOURRET, 1896.
sôticô, m., Manche, DE GERVILLE. — Bessin, *Bull. des parl. norm.*, 1901, p. 434.
sôt'licô, m., Isigny (Calvados), JORET.
salicot, m., fr. dial., FUR., 1708. — Haute-Normandie, DUH., 1769.
saillicoque, Rouen, BELON, 1555.
saillecoque, franç., DUEZ, 1678.
salecoque, Rouen, RONDELET, 1558.
salicoque, m., franç., FURETIÈRE, 1708.
sauterelle, *sauterelle de mer*, franç., BELON, 1555; DUEZ, 1678. — Pas-de-C., Somme, Seine-Inf.
saoutày'ré, m., provençal, MISTR.
laoust de mer, m., anc. wallon, JEAN D'OUTREMEUSE, éd. Borgnet, IV, 82.
santé, f., Saintonge, RONDELET, 1558. (On l'appelait ainsi parce qu'on croyait que manger de ces crevettes procurait *la santé*.)

barbeau, m., fr. dial., DUHAM., 1769, I, 32. — Varengeville (S.-Inf.), r. p.
céouclé, m., *ciéouclé*, m., Provence, MISTR.
gariner, garnel, garnol, garnaerd, guernette, anc. bas allemand, DIEF; GRIMM.

« *Avoir la barbe en salicoque* = avoir les poils de la barbe droits et rudes », normand, au XVIIe s., HÉRON, *Muse norm.*, 1895, V, 197.
« On voit Adam et Eve dans deux appendices que cette crevette a près de la tête. » Somme, *Rev. d. tr. pop.*, 1902, p. 161.
« Sur les côtés et sous la carapace du *Palæmon serratus*, il y a souvent un corps entièrement aplati que les pêcheurs prennent, à cause de sa forme, pour une jeune sole. C'est la femelle du *Bopyre*, espèce d'*Isopode parasite*. »

Crangon vulgaris (FABRICIUS). — **LA CREVETTE GRISE.**

crevette franche, f., français.
crevette grise, f., français. (Ainsi appelée parce qu'elle ne devient pas rouge à la cuisson, comme le *Palæmon serratus*.)
crévètte, f., Dives (Calvados), r. p.
chevrette, f., Carolles (Manche), LE BRETON.
crévuche, f., Bayeux, JOR. — Coutainville (Manche), *Guide de Coutainville*, 1890, p. 21.
grevrelle, f., Abbeville, au moy. âge, *Romania*, XXXIII, 362.
bouk, m., Noirmoutier, PIET. — Fouras (Ch.-Infér.), BOUTIRON, *Guide à Fouras*, 1896. — Bassin d'Arcachon, JOLYET, *Stat. zoolog. d'Arcach.*, 1898, p. 124.
boucô, m., Nantes, Houat, Hoedic, DELALANDE.

bouké, m., Manche.
bécô, m., Bourgneuf, Machecoul (L.-Inf.), Delalande.
buotte, f., Port-en-Bessin (Calv.), r. p. — (D'où *buhotier* = filet pour pêcher les crevettes. Voir Littré.)
cardon, m., Isigny (Calvados), Joret.
criquet, m., Coutainville (Manche), *Guide de Cout.*, 1890.
grey shrimp, *bunting*, anglais, Murray.

« On donne aux habitants de Carolles le surnom de *Les Bouquets* parce qu'on y pêche beaucoup de crevettes. » Tesson, *Blason pop. de l'Avranchin*, 1903, p. 8.

Squilla mantis (Rondelet).

preguediou, midi de la France, *Thresor de santé*, 1607, p. 247.
préga-Diéou, m., niçois, Risso, *Crust. de Nice*, 1816. (Cette crevette ressemble à l'insecte appelé *préga-Diéou* en provençal, la *Mantis religiosa*.)
canocia, Trieste, Kos.

Scyllarus (genre) (Fabricius).

cicada, nomenclat. de Gillius, 1533.
squilla lata, nomencl. de Rondelet, 1558.
cigale de mer, f., franç., Belon, 1555.
cigala, f., *cigalo*, f., *cigalo dé mar*, f., provençal.
chàmbré, m., *chiàmbré*, m., provenç., Marrel ; P. Roux, *Crust. de la Méditerr.*, 1828.
chiànvri, m., B.-du-Rh., Villeneuve.
orcheta, anc. gênois, Du C., s. vo *squilla lata*. — *cicala de mar*, ital. — *corbola de mar*, vénit., Boer.

Corophium (genre) (Latreille).

perni, côtes de Saintonge, A. de Quatrefages, *Souvenirs d'un natural.*, II, 363.

Gammarus pulex (Fabricius). — **LA CREVETTE D'EAU DOUCE**

cancre de rivière, franç., Guyon, *Cours de médec.*, 1673, passim.
crevette, f., *crevotte*, f., Côte-d'Or, Jura.
gravola, f., lyonnais, Puitsp.
grévèl', f., Clerval (Doubs), r. p. — Bournois (Doubs), Rouss. (La présence de cette crevette dans une fontaine indique que l'eau en est excellente à boire.)
escrouelle, f., anc. fr., *Nouv. fabr. des traits de vérité*, édit. de 1853, p. 83; Juliani, *Epistre de Diocles sur la santé*, 1546.
écrouelle, f., Chablis (Yonne), Joss. — Seignelay (Yonne), Henry. — H.-Marne, Daguin.
égrëvèl', f., Rainville (Vosges), r. p.
égruèl', f., *éghëruèl'*, f., Seine-et-M., Nièvre.
grèv'lotte, f., Cubry (Doubs), r. p.
écrèl', f., Guernesey, Métivier.
agrouette, f., franç. dialect., Littré, s. vo *gammare*.
pinche-pied., m., Saint-Pol (P.-de-C.), c. p. M. Ed. Edmont.
trinquetaille, f., cévenol, De Sauvages (dans *Mém. de la Soc. roy. de Montpellier*, 1778, p. 390).
trénco-l'aïgo, *trénkièy'ro*, f., cévenol, Sauv., 1775. (On dit que celui qui avale une de ces crevettes aura des *tranchées* (coliques), Sauv.) — « Si on l'avale vivante, elle continue à vivre dans l'estomac et y grossit tellement qu'on en meurt. » Bournois (Doubs), Roussey.
trénco-viéyo, Anduze (Gard), Viguier.
garde-puits, m., *garde-fontaine*, m., Centre, Jaubert.
scorpion, m., Ain, *Journ. d'agric. de l'Ain*, 1851, p. 230.

« Maigre comme une écrelle de doui (= ruisseau). » Guernesey, Métivier. — « *Acrôle*, f. = enfant malingre. » Sologne, Eudel. — « *Crevette* = injure à l'adresse d'une femme maigre. » Méténier, *La Casserole*, drame, 1889.

Squilla saltatrix (KLEIN). — **LA PUCE DE MER.**

squilla parva, galbacus, gabbarus, lota, l. du m. â., DU C.
talitrum, orchestia, psyllus marinus, pulex marinus, cancer pulex, anciennes nomenclatures.
talitrus saltator, nomencl. de LATREILLE.
puce de mer, f., français, CLAIRAC, *Us et cout. de la mer*, 1671, p. 123; etc., etc.
puçô, m., C.-du-N., SÉBILLOT (dans *Rev. de ling.*, 1881, p. 200).
talitre, m., *sôt'licô*, m., Courseulles-s.-Mer (Calv.), r. p.
chevrun, m., env. de Saint-Malo, SÉBILLOT, *Folkl. des pêcheurs*, 1901, p. 262. — « *On dit au chevrun :* Chevrun, viens dans mon lavenet, Il est rempli de soupe au lait. » SÉBILLOT, *Folkl. d. pêch.*, 1901, p. 262.
guelde, basque, CLAIRAC, *Us et cout. de la mer*, 1671, p. 123.
guildre (1), f., fr. dial., DUHAMEL, 1769, I, chap. 3, p. 50.
graverit, m., *mange-chrétien*, m., Vendée, CAVALEAU, *Statist. de la Vend.*, 1844, p. 180. [Il mange les cadavres rejetés par la mer.]
mourpuro, masc., provençal, MISTR., au supplém.
putace, f., *galvèsse*, f., Jard (Vendée), L. CHARRIER, *Jard*, 1906, p. 63.
biètte, f., Vendée, Ile de Ré.
cimese de mar, vénitien, BOER. — *sea louse*, angl. — *marfloo, sand-lowper*, écoss., JAM., *skip-jack*, Kent, PAR.

Grapsus varius (HERBST.).

couréntiyo, f., Bouches-du-Rh., VILL.
demoiselle, f., Noirmoutier, CAVOLEAU.

---

(1) Comparez : « On appelle *gueldre* la chevrette grise pilée pour servir d'amorce. » L.-Inf., AUDIGANNE, *Région du bas de la Loire*, 1868, p. 14.

chérigo, Le Croisic, DELALANDE.
gritta matta, Gênes, *Descrizione*. — *granzo piato*, Trieste, KOS.

Leucosia (genre) (MILNE EDWARDS).

bèrloco, f., Bouches-du-Rh., VILLEN.

Astacus fluviatilis (LINNÉ). — **L'ECREVISSE.**

(Voy. *Faune popul.*, t. III, p. 230.)

bimanis cancer, l. du moy. âge, DU C., I, 683.
cancer fluviatilis, nomenclat. de GUINTER, 1532.
crevice, f., *creviche*, f., *crevece*, f., *creveche* f., *gravice*, f., *greveche*, f., *escavrice*, f., *escravice*, f., *escrevice*, f., *escrivice*, f., anc. franç.
graviço, f., *gravice*, f., *crabosse*, f., *grabësse*, f., *grabosse*, f., *grëbësse*, f., *grébësse*, f., *graouèsse*, f., *graboucha*, f., *grobusse*, f., *grovousse*, f., *grabousse*, f., *graousse*, f., *gravasse*, f., *éscarbico*, f., *éscorbitchïo*, f., *éscrabicho*, f., *éscorbicho*, f., *éscarabicho*, f., *éscaravisso*, f., *éscarrabisse* f., *éscrébisso*, f., *écrabisse*, f., *égravisse*, f., *égraouisse*, f., *écroouisse*, f., *égrévuisse*, f., en divers patois.
éscrabido, f., languedocien, MISTR.
escaraouido, f., Martres-Tol. (H.-Gar.), c. p. M. ED. EDMONT.
écrëviyossô (accent sur *yo*), masc., Uzès (Gard), r. p.
éscrëvichò, masc., *écrëvichò*, masc., Savoie et Haute-Savoie, CONST.
grëche, f., Nièvre, Saône-et-Loire.
graouinche, f., Allier.
éngravisso, f., limousin, *Rev. des langues rom.*, IV, 662.
écrevisse de rivière, *écrevisse fluviatile*, *cancre de rivière*, *cancre fluviatil*, anc. franç.
cràn, m., Fourques (Gard), c. p. M. ED. EDMONT.
grampe, m., *camerel*, m. (?), anc. franç., GOD.

gambre, m., *kambre*, m., anc. franç., ABRAHAMS, *Manuscr. de la Biblioth. roy. de Copenhague*, 1844, p. 37.
canbrou (accent sur *can*), m., Bugey (Ain), Ph.-Le-Duc, *Chans. bress.*, 1881, p. 89. « Cette fille rougit comme un *canbrou.* »
gàmbérô, m., Orpierre (H.-Alpes), c. p. M. ED. EDMONT.
dzàmbéron, m., Champorcher (Val d'Aoste), c. p. M. ED. EDMONT.
chambrò, m., *thanbrò* (av. *th.* angl.), *tsanbrò*, m., *tsanbèrë*, m., Suisse rom., Savoie, Dauphiné, Lyonnais.
dzanbrë, m., *dzonbrë*, m., Loire, Haute-Loire, Puy-de-D.
chàmbré, m., provençal, SOLERIUS, 1549; etc., etc.
chanbré, m., Charpey (Drôme), BELLON.
chàmbri, m., provençal, HONNORAT, 1848.
chambre, m., Lyon, BRUYERINUS, *De re cibaria*, 1560, p. 1086. — Voiron (Isère), BLANCHET.
tsinba, f., Cours (Rhône), c. p. M. ED. EDMONT.
janbre, m., Loire, GRAS. — Puy-de-D., c. p. M. ED. EDMONT.
jènjanbrò m., Sainte-Agnès (Isère), DEVAUX, p. 313. (Par fausse étym. pop.; confusion avec *gingembre*.)
barbiche, f., Yonne, JOSSIER.
pataouno, f., Saint-Ybard (Corrèze), LA ROCHE.
réculày'ro, f., Saint-Girons (Ariège), r. p.
reculon, m., Vuittebeuf (Suisse rom.), c. p. M. ED. EDMONT.
raculeûze, f., jargon de Razey, près Xertigny (Vosges), r. p.
crey-fish, anglais, MERRETT, 1667.
giamber, romanche, PELLIOPPI.
cranny, *crick*, Lincolnsh., PEAC.
Voir d'autres noms de l'écrevisse dans GILLIÉRON et EDMONT, *Atlas ling. de la Fr.*, carte 445.

« Il y a deux variétés d'écrevisses : le *pied blanc* et le *pied rouge;* cette dernière est la plus estimée des gourmets. » *Gazette des Chasseurs*, 1886, p. 85.

Une jeune écrevisse est appelée :

crevicel, m., *creveiceron*, m., anc. fr., God., II, 372.

Toponomastique :

Moulin de l'Ecrevisse, *L'Ecrevisse*, loc. de la Moselle, Bouteiller.

L'Ecrevisse, rocher sur l'Océan, Rosenzweig.

Rue de l'Ecrevisse, nom d'une rue à Reims, *Alman. du Commerce de R.*, 1840, p. 132; nom d'une rue au Mans, nommée ainsi à cause d'une écrevisse peinte sur un pilier, Pesche, III, 280.

Rue des Ecrevisses, rue d'Agen, Habasque, *Comment Agen mangeait*, 1887, p. 11.

Hôtel de l'Ecrevisse, anc. maison, à Reims, au xve s., Jadart, *Rues de R.*, p. 89. — Anc. tour à Bourges, Kersers, *Statist. monument. du Cher*, 1875, II, 69.

Chamberonia, doc. de 1142, *La Chamberonne* aujourd'hui, ruisseau de la Suisse rom., Jaccard.

Enseignes :

A l'Ecrevisse, anc. enseigne au Mans, à Orléans, à Senlis, à Saint-Quentin, à Reims. (Cette enseigne représentait un des signes du Zodiaque, une écrevisse ayant à gauche un croissant, à droite une étoile. Voyez : Patay, *Ens. d'Orléans*, 1878, p. 37.)

« *Les Escrevisses d'Etampes*, sobriquet donné aux habitants d'Etampes. » *Recueil de pièces sur les chevaliers de l'arquebuse*, 1778, p. 124.

« Une écrevisse qui vient de muer est appelée *chàmbré moulàn*, m. » Provence, Mistr.

Les pinces de l'écrevisse sont appelées :

branques, f. pl., franç., OUDIN, 1681.
serres, f. pl., *pincettes*, f. pl., *pinces*, f. pl., franç., DUEZ, 1678.
tenailles, f. pl., *mordants*, m. pl., fr., *Dict. de Trév.*, 1752.

Les *yeux de cancre* ou *yeux d'écrevisse* étaient autrefois très usités en pharmacie. En réalité, ce sont deux petites concrétions blanches de carbonate calcaire qu'on trouve sous le corselet des écrevisses au moment où elles vont changer de test. — « On appelle *pierres d'écrevisses* ou *yeux d'écrevisses (oculi cancri)* certaines concrétions qui viennent dans la tête de ces animaux et qui servent à ôter les ordures qui sont dans les yeux. » POMET, 1694.

« *Coral* = ensemble des œufs de l'écrevisse qu'elle porte sous la queue. » Pavie, GAMBINI.
« *Croceare* = pêcher aux écrevisses avec un bâton recourbé. » l. du m. â., DU C.
« *Crevisse* ou *escrevisse* = espèce d'armure qu'on portait sous le vêtement. » DU C., II, 86.
« *Escarabissoundo*, f., *éscrabissoundo*, f., *carabissoundo*, f., *cabissoundo*, f. = culbute. » Aveyron, MISTR.
« *Jamais n'ira droit l'escrevice.* » Proverbe, XVIe s., BAÏF, éd. Blanch., 1880, I, 76.
« Dans les écritures saintes ils cheminent droit comme escrevices. » TH. JOURDAIN, *Pot aux roses de la prestraille*, 1564, p. 7.
« *Aller en escrevice* = aller à reculons. » anc. fr., GOD. — « La justice va en escrevice. » anc. fr., GOD. — « *S'approcher à pas d'écrevisse* = approcher lentement ? se sauver ? » XVIIe s., CYRANO DE BERGER., éd. Jacob, p. 243.
« Li creuaiche dist à son petit creuechot; uo droit, tu uas a

rebous. Dist li petit creuechos : ie uois ensi com tu uas, et se tu aloies droit ie yroie ossi. Ensi font les prelas qui ont a warder les ames ; ils font les grans pechies et reprendent les prosmes (1). » TECHENER, *Descript. d'une collect. d'anc. manuscr.*, 1862, I, 209.

« Lou lendemo de sen-Maouriço Lou jour o fach pas d'escrebiço (= un petit pas). » Lozère, *Soc. d'agr. de la Loz.*, 1854, p. 28.

« *Ecrevisse de rempart* = fantassin, lignard. » argot milit., L. MERLIN, *Langue verte des troupiers*, 1888.

« *Grabeussî, grëvilhî,* = fureter à la manière des écrevisses. » Planches-l.-M. (H.-Saône), POUL.

« *Vieille grébeusse* = injure à une femme laide et vieille. » Belfort, *Rev. d'Alsace*, 1879, p. 333.

« La face rouge comme ung escrevice cuyt. » XVIe s., FROMMENT, *Actes de Genève*, 1854, p. 151. — « Les yeux plus rouges qu'une escrevisse cuicte. » XVIe s., *Hist. macar. de Merl. Coccaie*, éd. Jac., p. 205. — *S'écrevisser* = devenir rouge de colère. » Centre, JAUB. — « Il a les yeux rouges comme des écrevisses. » *Le Conteur*, t. VI, 1836, p. 17. — « Il était rouge de trogne comme une écrevisse cuite. » ASSOLLANT, *Ville de garnison*, 1878, p. 89. — « Illuminé comme escrevice. » DU ROC, *Nouv. récits*, 1573, p. 3.

« *Barbe d'écrevisse* = certain port de la barbe. » BILLON, *Fort du sexe féminin*, 1555, f[et] 146 v°. — « Découpper une robe par derrière en barbe d'escrevisse. » AGRIPPA D'AUBIGNÉ, *Œuvres*, éd. Réaume, VI, 117. — « La chair on luy decoupe à barbe d'escrevisse. » D'ESTERNOD, *Espadon satyr.*, 1680, p. 151. — « Beaulx escarpins deschiquetez a barbe d'escrevisse. » RABELAIS, *Pantagr.*, 1533,

(1) Les prochains, les voisins.

ch. IX. — « Il ne sçait si ce sont les Gots ou si ce ne sont point les Suisses Avec leurs gregues d'escrevisses. » *La guerre comique*, Paris, 1668, p. 32.

« *Eplucher des écrevisses* = dire du mal de quelqu'un, bavarder en mal. » Mme DE SÉVIGNÉ.

« *Preneur d'escrevices* = sot, niais. » DESLAURIERS, *Prologues sérieux*, 1610, p. 41. — « *Pigliare un granchio* = faire une erreur, se tromper. » ital., DUEZ, 1678.

« Je comprends, fit-il en relevant sur moi ses petits yeux gris, mais aussi fixes et ouverts que ceux d'une *écrevisse*. » Suisse, J. OLIVIER, *Le Pré aux Noisettes*, p. 149.

« Tu es plus lunatique qu'une escrevisse. » LARIVEY, *Comédies facétieuses*, 1601, p. 168. — On assure partout que les écrevisses ont beaucoup de chair en pleine lune, et peu en un autre temps.

« Nos courtisans passeroient aujourd'huy pour des marjolets et de vrais pêcheurs d'écrevisses sur les montagnes si.... » BRUSCAMBILLE, *Pensées facétieuses*, 1757, p. 175.

« Ce docteur était sursemé de doctrine comme une escrevisse de morsures de pulces. » BEROALDE DE VERV., *Moy. de p.*, éd. Roy., I, 96.

« Il est empesché à frire l'esprit d'un demi-cent d'escrevisses, à la mode de Bourges où on les vend toutes nues. » BÉR. DE VERV. *Moy. de p.*, éd. Roy., II, 236.

« *Kambres* pistés et beus aveque lait de chèvre garisse ceaus qui sont ferus d'escorpion ou de yraine et se vos les donés aveque vin rouge à feme grosse il li fait aster (hâter) son enfantement. » ABRAHAMS, *Manuscrits de la Biblioth. roy. de Copenhague*, 1844, p. 37.

« On appelle *chanson de la bisaguette* des paroles magiques chantées à voix basse, à la pêche aux écrevisses, pour les charmer. » Nièvre, JAUBERT.

Symbolique : « Une image représentant une écrevisse marchant à reculons, est accompagnée de ces mots : *ainsi vont mes amours.* » LA FEUILLE, *Devises*, 1693. — « Une jeune fille refuse les hommages d'un galant en lui envoyant l'image d'une écrevisse. Cela veut dire que ses hommages vont à reculons, n'aboutiront pas. » Province de Liège, *Rev. d. tr. pop.*, 1902, p. 377 ; 1906, p. 274.

« *Nec pallent nec recurrunt* = sans pâlir et sans reculer; devise de la famille des Pioger qui a trois écrevisses rouges dans ses armes. » LA ROQUE, *Devises hérald.*, 1890, p. 118. — « *Non cancri sed truttæ gressu* = par l'allure de la truite et non de l'écrevisse, devise de la famille De le Mède qui a des truites et des écrevisses dans ses armes. » O'KELLY, p. 119.

« Une écrevisse d'or figure dans les armes ou emblèmes des pêcheurs. » LESPINASSE, *Métiers de Paris*, 1886, I, 464.

Devinette.

« De qu'és aco? qué vira la couga A-n-ounté qu'ané? *L'escarabissa.* » Languedoc, ROQUE-FERRIER.

Astacus marinus (LINNÉ). — **LE HOMARD.**

astacus, cammarus, gammarus, latin.

grammarus, gomarus, gambarus, l. du m. â., DU C.

saltilus, polipus, gorra, l. du m. â., WRIGHT.

gamare, m., *gammare*, m., anc. fr., RABELAIS, *Garg.*, éd. 1542, ch. XXXIX; CALANIUS, *Entreten. de santé*, 1550, f[ot] 21 r°; J. BODIN, 1597, p. 457.

gommart, m., anc. fr., DUCHESNE, 1544.

gambre de mer, m., anc. fr., GOD.

hammar, m., franç., SOLERIUS, 1549.

homar, m., normand, SOLERIUS, 1549; BELON, 1555; RONDELET, 1558; etc., etc.
houmar, m., Cotentin, XVIe s., *Journ. de Goub.*, p. 144.
aumar, m., *ômar*, m., franç., COPPIER, *Voyage*, 1645, p. 100; CAUCHE, *Relat. de Madagasc.*, 1651, p. 143. — Yport (S.-Inf.), *Rev. d. parl. pop.*, 1902, p. 71.
romar, m., *r'homar*, m., Dives, Courseulles-s.-M. (Calv.), r. p.
langrout, m., Languedoc, RONDELET, 1558.
lormàn, m., Languedoc, SAUV., 1785. — Hérault, WESTPHAL.
normàn, m., Agde, DUHAM., 1769, I, ch. 3, p. 92.
lònbràn, m., Roussillon, Narbonne, DUHAM., 1769, I, ch. 3, p. 92.
rougervan, m., Saintonge, DUHAM., 1769, I, ch. 3, p. 78.
ligombaudus, marseillais latinisé, GILLIUS, 1533, p. 572.
ligumbaud, m., marseillais, BELON, 1555.
lingoumbaou, m., provenç., PELLAS, 1723; DUHAM., 1769.
lingoubaou, m., *grosso làngousto*, f., Provence, MISTR.
gross ligobàn, m., niçois, PELLEGR.
escrevisse marine, *escrevisse de mer*, anc. franç.
écrevisse longue de mer, franç., MONET, 1635.
coquillage, m., Bretagne, Normandie, A. VALENCIENNES (dans *Mém. d'agricult.*, 1855, p. 162).
pâkètte, f. (la femelle), Yport (S.-Inf.), *Rev. d. parl. pop.*, 1902, p. 71.
môresse, f. (la femelle), Courseulles-s.-M. (Calv.), r. p. (Le paquet de ses œufs est noir.)
paon de mer, m., franç., DU TERTRE, *Hist. de l'Isle Saint-Christophe*, 1654, p. 260. [Appelé ainsi, sans doute, à cause de la bonté de sa chair.]
astaco, *astice*, *locusta paonazza*, ital. — *astic*, frioulan. — *pesce leone*, ital., DUEZ, 1678. — *leofanti*, *aliufanti*, *lèfanu*, Sicile, GIOENI, p. 161.
lombardo, anc. gênois, DU C., III, 105.
grilo de mar, vénit., CORAZZ. — *lagosta*, portug. — *langosta*

francese, lubigante, galicien, CORNIDE. — *llangosta,* asturien, RATO. — *lopystre, loppestre,* anglo-saxon, CORTELYOU.

« *Les mordants* = les grosses pattes, les pinces du homard. » NIC. DENYS, *Dict. géogr. des côtes d'Amérique,* 1672, I, 268. — « *Paoutos* = même sens. » Provence, MISTR.

« Le homard est l'ami de la congre. » C.-du-N., SÉBILLOT (dans *Rev. de ling.*, 1881, p. 191). — « On trouve souvent le homard, dans le creux des rochers, accompagné d'un congre. » Courseulles-s.-M. (Calv.), r. p.

« L'œil have, le front de canard, Le nez en coque de haumard. » AUVRAY, *Banquet des muses,* 1623, p. 121.

« Rouge comme un homard cuit. » ASSOLLANT, *Bataille de Laon,* 1881.

« Un homard = un soldat anglais. » langage des marins, SOUVESTRE, *Pors-Moguer,* 1858.

« *Badà coumé un ligoumbaou* = être bouche béante. » Provence, MISTR.

« Lingoumbaou dé judiéou ! = juron drôlatique. » Provence, MISTR.

« Le gambre sor mer (*homard*) pisté (*pilé*) aveque plom ars garisse ceaus qui ont cancre (*cancer*). » ABRAHAMS, *Manuscr. de la biblioth. de Copenhague,* 1844, p. 37.

Palinurus vulgaris (LATREILLE). — **LA LANGOUSTE.**

locusta marina, l. du m. â., GOETZ.

locusta, lanchrina, l. du m. â., DU C.

làngousta, f., Hérault, WESTPH.

làngousto, f., provenç., SOLERIUS, 1549; etc., etc. — Aude.

langoucte, f., franç., doc. de 1437, ROBILLARD, *Arch. eccl. de Seine-Inf.*, 1866, I, 120.

langouste, f., franç., CONSTANTIN CÉSAR, *Vingt livres d'agric.*, 1545, f[ol] 210 r°; etc., etc.
lengosta de mar, f., anc. prov., RAYN.
lingousto, f., marseillais, *Bouil-abaisso*, journal, II (1844), n° 17.
langoute, f., Noirmoutier (Vendée), c. p. M. ED. EDMONT.
langousse, f., Dives (Calv.), r. p.
rëlangou, m., île de Ré, KEMMERER. — Ile d'Yeu, VIAUD-GRAND-MARAIS, *Excursions bot.*, 1878, p. 28.
ligosta, f., mentonais, ANDREUS.
saulterelle de mer, f., français, BELON, 1555.

Remarque. En bien des cas, on ne distingue pas le homard de la langouste.

Toponomastique : *Le Grand Langoustier*, baie, mouillage de l'île de Porquerolles, CLERC-RAMPAL, *Iles d'Hyères*, 1869, p. 9.

« A ped eyssuch non s'y prenon langoustos = *à pied sec on ne prend pas de langoustes.* » Provence, XVIIe s., *Bugado provenç.*
« Dets a pato de lingousto = *doigts en forme de pattes de l.* » Marseille, *Bouil-Abaisso*, journal, II (1844), n° 17.
« La langouste a si fort le poulpe à contre-cœur Que mesme en l'approchant elle roidit de peur. » JOS. DU CHESNE, *Miroir du monde*, 1593, p. 319.
« Je serais une langouste, si je ne savais pas cela = *je serais un niais.* » DUBOIS DE GENNES, *Le troupier à cheval*, 1862, p. 70.

Sphæroma serratum (LATREILLE).

baboué, m., Bouches-du-Rh., Villeneuve.

Nephrops norwegicus (LEACH).

scampo, ital. de l'Adriatique, KRISCH.

Daphnia (genre).

puce d'eau, français. — *poussar*, m., Haut-Boulonnais, c. p. M. B. DE KERHERVÉ.

Oniscus (genre) (LINNÉ). — **LE CLOPORTE.**

(Voy. *Faune pop.*, t. III, p. 245.)

oniscus, latin de PLINE.

asinus, porcellio, porcellius, porcelletus, cutio, cucio, multipes, multipeda, milipeda, centipeda, tilon, tylus, l. du m. â., DU C.; DIEF.; SIMON JANUENSIS, 1486; GUINTER, 1532; etc.

lareones, plur., l. du m. â., DU C. [? — DU C. traduit ce mot par animaux se tenant sous les pierres. S'agit-il des cloportes ?]

armadillio, nomencl. de LATREILLE.

azé bourdin, m., dans les Alpes, MISTRAL, I, 148.

cochon, m., Guernesey, Calvados, Sarthe, Cher, Indre, Yonne, C.-d'Or.

cochon de lait, m., env. de Reims, r. p.

pëtè cochon, m., Châtillon-de-Mich. (Ain), r. p.

cochonè, m., La Villette (Calv.), *Bull. d. parl. pop.*, 1902, p. 47.

cochonò, m., Gaye (Marne), HEUILL.

coch'nò, m., Meuse, LABOUR.

cochon déne (= cochon d'Inde), Aisne, Nord, c. p. L. B. RIOMET.

càyon, m., lyonnais, dauphinois, MÉNAGE, 1750. — Env. d'Annecy, CONST.

pourcou, m., La Malène (Loz.), r. p.

pourchô, m., *pourchô d' mur*, Valenciennes, Héc. — Lille, Deb.

crâ pourcê, m., wallon, Defr. — *pourchò crô*, m., Pas-de-Cal., c. p. M. Ed. Edmont.

porc, m., *porquet*, m., *porcelet*, m., *poucélé*, m., *poucélou*, m., en divers endr.

trouy', f., Le Havre, Maze.

tròy', f., Bais (May.), Dott.

trée, f., Anjou, Bretagne, Ménage, 1750.

trê, f., Mayenne, Sarthe, r. p.

treû, f., Aubigny (Cher), r. p. — Loir-et-Cher, Eudel.

trâ, f., May., Dott.

tërué, f., Loiret, r. p.

trùyotte, f., Velorcey (H.-Saône), r. p.

truéyéto, f., *truéyéto dé croto*, f., provençal, Avril.

trufe, f., Naintré (Vienne), r. p.

gorètte, f., Bas-Gâtinais (Poitou), *Rev. de philol. fr.*, 1893, p. 103. — Maine-et-Loire, Verrier.

pourké de croto, m., provenç., Achard, 1785.

cochon de cave, m., Rhône, S.-et-L., Marne.

porcelet de muraille, m., franç., Duez, 1664.

pouar dé Sant-Antoni, m., Vaucluse, *Voc. prov.*, 1883.

porcelet Saint-Anthoine, m., franç., *Proprietez des simples*, 1569, p. 33.

pourceau Saint-Antoine, m., fr., Duez, 1678.

pourqué de San-Antoni, m., provenç., Pellas, 1723.

pouchelot de Saint-Antoine, m., Franche-Comté, Bullet, 1754, II, 393.

petit cochon de Saint-Antoine, m., Ruffey-l.-B. (C.-d'Or), Joign.

cochon de Saint-Antoine, m., Champagne, Lorraine, Franche-Comté.

gouri de Saint-Antoine, m., Broye-l.-P. (H.-Saône), Perr.

gouriyò de Saint-Antoine, m., Autet (H.-Saône), God.

poû de Saint-Antoine, m., Clerval, Cubry (Doubs), r. p.

couché-singlé, pourciô-singlé, Belgique wall.
rat de cave, m., lyonn., PUITSP. — Annecy, CONST. — Saint-Antoine (Isère), r. p.
pou de moulin, m., Salins (Jura), r. p.
pou de loup, m., Yport (S.-Inf.), *Rev. d. tr. pop.*, 1905, p. 123.
babaroto, f., toulousain, DOUJAT, 1637, — env. de Carcassonne, LAFF.
babarott, m., Aude, *La Lauseto,* 1877, p. 49.
barboto, f., cévenol, SAUV., 1785.
barbaoutt, m., *barbalott,* m., H.-Pyr.
barboou, m., B.-Pyr., LESPY.
mille-pattes, m., Loiret, Mayenne, r. p.
bête à trente-six pattes, f., Etampes (S.-et-O.), r. p.
patepin, m., Boulogne-s.-Mer, P. BOREL, *Tres. d. rech.*, 1655, p. 375 ; HAIGNERÉ.
mak'pain, m., *pass' pain,* m., *pad'pain,* m., Boulogne-sur-Mer, HAIGN.
mache-pain, m., Somme, Pas-de-Cal.
miche-pain, m., C.-d'Or, r. p.
clou à porte, m., Ruffey-l.-B. (C.-d'Or), JOIGN. (Cet animal ressemble aux gros clous de portes cochères qui servent surtout à l'ornementation.)
clouporte, m., anc. fr., A. PARÉ, XIX, 16.
clooporte, f., anc. fr., OLIV. DE SERRES, 1600.
cloporte, féminin, PALSGRAVE, 1530; etc., etc. (aujourd'hui le mot est *masculin.*)
clanporte, Thaon (Calv.), GUERL.
clapoto, f., Pézénas (Hér.), MAZUC.
closeporte (= qui clôt la porte), franç., JUNIUS, 1577.
frëme-cofre, m., Ile-d'Elle (Vendée), SIMONNEAU.
topèze, f., jargon de Razey près Xertigny (Vosges), r. p.
cabinètt, m., Ribaute (Aude), c. p. M. P. CALMET.
galinèta, f., mentonais, ANDREWS.
grac'h, breton, TROUDE.

galla, f., vénit., BOER. — *gozinén, zanén*, Parme, MAL. — *purchin d' muraja*, romagn., MORRI. — *gioppu*, sicilien, GIOENI. — *bicho de concha, bicho de conta*, portug., VAND.

assel, asselwurm, kellerassel, kellerwurm, kellerschabe, kellerlaus, maurwurm, schabewurm, wetterwurm, allemand. — *bettkeifer*, Suisse all., STALDER. — *wild ferke*, Aix-l.-Ch., J. MÜLL. — *mûressel*, Strasbourg, SCHMIDT. — *sow, tyler's lowse, thurse-lowse, chesbug, cheslip*, angl., MOUFETUS, *Insect. theatr.*, 1635, p. 202. — *lobster-louse, lobstrouslouse, woodlouse, kirklouse, sow-beetle, old sow, pig, Guinea-pig, church-pig, wedderclock, gammer, sclater, slater*, dialectes angl.

Toponomastique : La Fontaine de Cloporte, local. de l'Eure, BLOSSEVILLE.

« *Cloporte* = concierge. » argot, AUDEBRAND, *Les Fleuranges*, 1883. [Jeu de mots : clôt-porte.]

« *Mener une existence de cloportes* = ne pas sortir de chez soi. » J. DORNAY, *Le moulin aux corbeaux*, 1887.

« Les républicains sont comme les cloportes, quand ils ne trouvent rien à manger ils se mangent eux-mêmes. » *L'Univers du 23 janvier 1878.*

« *Qué caou èstà mousque ou barboou* = il faut être mouche ou cloporte, prendre un parti, dire carrément ce que l'on est. » B.-Pyr., LESPY.

« Sé ficabo dé tout aco coumo d'un ual de babarot = il se moquait de tout cela comme d'une dent œillère de cloporte. » Aude, *La Lauseto*, 1877, p. 49.

« Faites secher des cloportes sur une poële chaude, ou sur une tuile, reduisez-en ensuite trois en poudre que vous donnerez à la malade pour le premier jour, le lendemain vous luy en donnerez cinq & le jour ensuivant sept, par après vous ne luy en baillerey que cinq, & enfin le cinquième jour trois comme la première fois. Ce remede ôte toute inflammation des mamelles & cicatrise & parfaitement les ulceres. » De Blegny, *Secrets*, p. 652.

« Les enfants regardent le cl. comme une bête sacrée et ne lui font pas de mal. » Bournois (Doubs), Roussey.

« Voir des cloportes est signe d'argent. » Belg. wall., E. Monseur, *Folkl. wall.* — « Voir des cl. le jour, signe de joie. » Belg. wall., *Wallonia*, 1908, p. 57.

« On a raconté l'histoire d'un certain cloporte enfermé dans un tuyau de plume et placé pendant six mois par un joueur heureux sur la table du cercle où il jouait. Le fait n'a pas été inventé, il a eu de nombreux témoins, et, chose curieuse, le joueur dont il s'agit était un garçon intelligent. Avec son affreux petit animal il gagna en six mois, au baccarat, une vingtaine de mille francs qu'il reperdit en quinze jours : le fétiche déshonoré, que toute la société folle avait admiré et envié si lontemps, fut honteusement jeté par la fenêtre. » *Le Figaro du 10 février 1861.*

Scolopendra (genre) (Linné). — **LA SCOLOPENDRE**

scolopendra, l. de Pline. — *scolopendra terrestris*, nomencl. de Cordus, 1561. — *centipeda*, nomencl. d'Eber, 1556.

scolopendre, f., franç., Duez, 1664; etc., etc. — *éscalapàndro*, f., languedocien, Mistr. — *esplendre*, f., anc. franç.

grand perce-oreille, franç., Duez, 1664. — *oriyère à chent pieds*, Guernesey.

vèrpiyère, f., Centre, Jaubert.

ritou (= recteur, curé), m., env. de Carcassonne, Laff.

galéro, f., prov., Pellas, 1723. (Appelée ainsi à cause de ses pattes disposées comme les rames d'une galère.)

éscourpiou, m., Gard. — *escroupioun*, m., Aveyron.

millepieds, m., *millepattes*, m., fr. — *milopatos*, m., provenç., langued. — *miche-oreilles à cent pattes*, m., Pas-de-C. — *grand perce-oreilles*, m., franç., DUEZ, 1664.
tarànto, f., B.-du-Rh., MAR. GIRARD, *La Crau*, 1894, p. 472.
zentgambi, Parme. — *trummulina* (= petit trombone), Sicile, MACAL. — *centopeia*, portug. — *gally-worm*, angl., MERRETT, 1667. — *maggie-monyfeet, monyfeet, jock with the monyfeet, jenny with the monyfeet*, écoss., JAM. — *forty-legs*, Shropshire, JACKSON.

Lepisma (genre) (LINNÉ). — **LE POISSON D'ARGENT.**

thysanura, nomenclature de LATREILLE. — *poisson d'argent, poisson argenté, poisson du linge, lingère*, franç. — *poisson à feu, ratouajon*, m., Nièvre. — *demoiselle argentée, harte*, f., Jura. — *pelleresse*, f., normand. — *cloporte luisante*, f., franç., DUEZ, 1664. — *trouéto* (= truite), f., H.-Pyr., c. p. M. P. TARISSAN. — *sardèla*, vénit., BOERIO. — *pssén*, Parme, MAL. — *fish*, angl. dial.
Remarque : J'ai cru pouvoir mettre le *Lepisma* à la suite du *cloporte* et de la *scolopendre*. Les naturalistes l'ont tantôt classé dans les *Névroptères*, tantôt dans d'autres familles d'insectes, tantôt dans les *Arachnides*.

LES ARACHNIDES

Scorpio (genre) (Linné). — **LE SCORPION.**

(Voy. *Faune popul.*, t. III, p. 235.)

scorpio, scorpius, cancer, cancra, nepa, naca, l. du m. â., Goetz.

escorpion, m., *escroppion*, m., *scropion*, m., anc. franç. — *éscourpiéou*, m., *éscourpiou*, m., *éscarpiou*, m., *éscorpi*, m., *éy'courpiou*, m., sud-est de la France.

scorpi, tosgos, Parme. — *scarpion, sgarpion, sgripion*, Frioul. — *scarpion-tosgh*, Romagnes. — *arrotaforbice*, Toscane. — *suffrizzu, schirifizziu*, Sicile. — *becca*, Sardaigne. — *alacran*, espagnol. — *alacral, alacrão*, portug. — *al 'acrab*, arabe.

Toponomastique : *Le Serre du Scorpion*, nom d'une colline de la Drôme, Brun-Durand.

« *Scorpio* = 1° machine de guerre à lancer des projectiles; 2° javelot. » lat. class.

« *Scorpio* = nervus. » l. du m. â., Gœtz.

« *Lo scorpione dorme sotte ogni lastra* o *pietra* = méfiez-vous avant de parler, les murs ont des oreilles. » Proverbe italien.

« Scorpio est quædam vermis admodum venenosus. Cum enim iste serpens læserit hominem, non melius curatur quam aspersione pulveris ejusdem speciei. Unde in provincia Provinciæ, ubi tales abundant, habent semper in ampullis pulverem talium ut eum pro[j]iciant super læsum. » L. HERVIEUX, *Fabulistes latins*, 1884, p. 699.

« Si l'on peut prendre le scorpion même qui a fait la piquure, et qu'on le fasse mourir sur la playe, après lui avoir coupé les pieds et la queue, on assure qu'il attirera tout le venin. Tout autre scorpion fait le même effet, étant froissé entre deux pierres, et y ajoutant un peu de sel et de la sauge. » LÉMERY, *Nouv. recueil des plus beaux secrets*, 1737, II, 202.

« Tuer un scorpion sur sa picqueure pour la guérir = *se venger par une calomnie sur le calomniateur.* » GUILLEMEAU, *Disc. touchant la vie des géants*, 1615, p. 2, — « C'est ainsi que l'on escrase le scorpion sur la playe qu'il a faite. » J. P. CAMUS, *Devoirs paroissiaux*, 1642, II, 275. — « Il vint me trouver comme croyant trouver chez moy le mal et le remede, mais je luy dis que je n'estois pas un scorpion. » BAUGION, *L'entretien de Fanchon*, 1650, p. 12.

« Le godet de l'aposticaire A souvent le scorpion au fond. » LE BON, 1557.

« De boire vin me faudra abstenir Qui me fait pis que mort de scorpion. » *L'amoureux passetemps*, 1582.

« Elle ressemble au fumier pour sa vileté, au vent pour son inconstance, au scorpion pour sa meschanceté », *Fléau des courtisannes*, 1612, p. 14.

« *Un escorpi dé fémo* = un scorpion de femme, une femme méchante. » Provence, *Armana prouvençau*, 1885, p. 102.

« Dicitur scorpius qui facit filios ducentos qui omnes se consumunt et unus remanet. Propterea qui res suas devorat *nepos* dicitur. » GOETZ.

« Scorpius quæ natos consumit nisi eum qui dorso inhæserit. Rursum ipse qui servatus fuerit consumit patrem. Unde homines qui bona parentum per luxuriam consumunt, *nepotes* dicuntur. Hinc quoque *nepotatio* pro luxuria ponitur, qua certæ quæque res consumuntur. » GOETZ.

« Selon une croyance généralement répandue, le scorpion, lorsqu'on l'entoure d'un cercle de feu, se pique de son dard venimeux et périt aussitôt. D'après d'autres idées populaires, les petits scorpions tuent la mère qui leur a donné la vie; ils font plus de mal aux femmes qu'aux hommes; plus aux filles qu'aux femmes mariées; et ceux qui ont sept nœuds à la queue sont plus dangereux que ceux qui n'en ont que six. » A. DE CHESNEL, *Dict. des superst.* [ED. EDM.]

« La salive de l'homme en jeun occit l'escorpion. » DU TRIEZ, *Ruses des espr. mal.*, 1563, f^et 28, r^o.

« Faire prendre un scorpion pour du pain. » J. P. CAMUS, *Deux confér. par escrit*, 1642, p. 79.

« Un scorpion présent fait plus de mal que cent vipères absentes. » LE NOBLE, *Travaux d'Hercule*, 17e partie, 1694, p. 25.

« *Sémblo un escroupiou*, se dit d'un homme contrefait. » cévenol, D'HOMBRES.

« On empêche les scorpions de faire du mal en prononçant le monosyllabe *bud*, lorsqu'on les aperçoit. » THIERS, *Traité des superst.*, 1697, I, 408.

« Quand aucun a chemise ou braye nette, les escorpions s'y boutent et se mettent pres de la cher et la lechent de leur langue et se on leur estraint la teste, ils poingnent de la queue et font petit pertuis... La poincture est moult male pour tout le corps. » BERNARD DE GORDON, *Pratique de médecine*, 1495. (De là vient la locution *in cauda venenum*, qui se dit à propos des personnes qui vous flattent par devant et vous font du mal par derrière; locution qui semble être particulière au moyen âge et ne pas avoir été employée par les anciens).

« Scorpion, queue de venin. » Proverbe français, Wodroephe, *Marrow of the french language*, 1625, p. 331.

« L'escorpion lesche par devant et point par derrière de sa queue. » *Bestiaire d'amours*, s. d. (vers 1500). — « L'amour fait comme le scorpion qui tue en flattant. » Larivey, *Comédies facétieuses*, 1601, p. 119. — « *Mais l'usatge del escorpion te Qu'auci rizen* = Mais il suit l'usage du sc. qui tue en riant. » G. Faidit cité par Rayn.

« Il a faict comme le scorpion, il a mis le plus fort venin à sa queue. » *Conversation de maître Guillaume avec la princesse de Conty*, 1631, p. 100. — « Ce sont les plus braves et les plus vaillans, d'autant que ces gens portent la pointe de leur épée derrière en forme de queue, ainsi que cet animal qui porte son venin à la queue. » *Almanach bachique*, 1661, p. 400.

Pour diverses superstitions de l'antiquité et du moyen-âge, voyez : Berger de Xivrey, *Tradit. tératol.*, 1836, 534-539.

Symbolique : « L'image d'un scorpion est accompagnée de ces mots : Il guérit, en mourant, la playe qu'il m'a faite. » Lafeuille, *Devises*, 1693. — « *Qui vivens lædit, morte medetur* = devise de Louis de Gonzague surnommé le Rodomont, qui avait un scorpion dans ses armes. » Chassant, *Dict. des devises*, 1878, I, 274.

Scorpio cancroides (Fabricius).

phalangium cancroides, nomencl. de Linné.

scorpion-araignée, scorpion des livres, pince-crabe, pince des bibliothèques, français.

forbsenna, Parme, Malaspina.

Aranea (genre) (Linné). — **L'ARAIGNÉE.**

aranea, araneus, latin. — *arena, irania,* l. du m. â., Wright. — *bambis, bambus,* l. du m. â., Goetz; Hildebrand, *Gloss. lat.*, 1854 (On l'a appelée ainsi parce qu'elle *file* comme le *bombyx* = ver à soie).

eranh, m., anc. provenç. — *aragna, aragno, aragné, aragni, arègna, aréniya, iragno, iragne, éragne, iragné, arègne, érègne, éringne, arigna, arigne, arîne, irin,* m., *arogne, orogne, arone, rogno, alogno, logna, logno, logné, urgne, ergné,* m., *ergnî, arnî, aragnado, aragnade, éragnado, iragnado, irognado, irégnado, ragnado, lagnado, arignère, ùragniri, uraniri, arniâre, èrnile, irantègne, róntyalo, tararagno, tararigno, tararino, taragagno, taragno, tardagno, targagno, éstaragno, éstariragno, éstarigagno, éstérigagno, istiragagno, estaliragna, stirélagno, tirelagne, tirelake, tataragno, èstatiragno, tatiragno,* en divers patois (Presque tous ces mots sont féminins).

arènèyiô (accent sur *nè*), m., Uzès (Gard), r. p.

érognou, m., Orchamps (Jura), r. p.

barogne, f., env. de Moûtiers en Tarentaise, Const.

boragne, f., Thénésol (Savoie), r. p.

borô, m., Sail-sous-Couzan (Loire), c. p. M. Ed. Edmont.

bizalogno, f., Larche (Corrèze), c. p. M. Ed. Edmont.

rutele, f., *rutelle,* f., anc. fr., Rabelais; Bos, II, 320.

paparina, f., niçois, Pell.

filére, f., La Poutroye (Alsace), Simon. — Val d'Orbey (Alsace), Lahm. — Vosges, c. p. M. Ed. Edmont.

fëlére, f., *fréle,* f., Meurthe, Vosges, Ad.

filandreuse, f., jargon de Razey près Xertigny (Vosges), r. p.

paramicha, f., Bruis (H.-Alpes), *Soc. d'études d. H.-Alpes,* 1884, p. 336.

fèrniyère, f., Saint-Braix (Suisse rom.), c. p. M. Ed. Edmont. — *sorcier,* Oudan (Nièvre), c. p. M. Ed. Edmont. —

vôdoge, f., Chitry (Nièvre), c. p. M. Ed. Edm. — *vrin*, m., Creuse, c. p. M. Ed. Edm. — *changarèle*, f., Vallées vaud., c. p. M. Ed. Edm.

écoféy', Charmey (Gruyère, Suisse), Gauchat (dans *Festschrift Morf*, 1905, p. 192.)

tendeuse, f., *vagabonde*, f., *maçonne*, f., *sisyphe*, f., argot, Noter, 1901.

escrevisse de muraille, franç., Duez, 1664.

spann, Luxemb. all., Gangl. — *kobbe*, westphalien.

raen, *renge*, *spither*, *lobbe*, *hunta*, *waefre*, *gang-waefre*, *attorcoppe*, *attercob*, *aetterlopp*, anc. angl., Courtelyou.

arran, *arrian*, *arion*, *atter*, *weaver*, angl. dial. — *capper*, écoss., Jam.

On trouvera d'autres noms gallo-romains de l'araignée dans Gilliéron et Edmont, *Atlas linguist.*, fasc. 2, carte 50.

Remarque. — Si l'on commande à un serviteur d'enlever les araignées, avec un balai, il enlève les *araignées* et les *toiles d'araignées*; si on lui commande d'enlever les *toiles d'araignées* il enlève les *toiles d'araignées* et les *araignées*. De là une confusion perpétuelle entre les mots servant à désigner les unes et les autres.

La toile de l'araignée est appelée :

cassis, l. du m. â., Du C.

araneum, *aranearum tela*, lat.

toile d'araignée, f., franç. anc. et mod.

toile-araigne, f., A. Sylvain, *Aenigmes françaises*, 1582, f[et] 5, v[o].

arnitoire, f., anc. fr., G. Meurier, *Similitudes*, 1583, p. 44.

irainede, f., anc. fr., God.

talaragno, *tiraragne*, *taragno*, *taragnina*, *tararino*, *tararigno*, *taragno*, *tarày'no*, *éstérigagno*, *tatarino*, *talaraco*, *télarake*, *tarlake*, *taralake*, *tériake*, *trëgnake*, *trëgnakère*, *trëgnakiss*, masc., *targagno, tardagne, arnitouéle, arantèle, arantouale, érantole, érétole, irantéle, irantègne, érèt'lè*, m., *ràntélo, réntélo, ròntèlo, ràntyalo, arnitouale, arantouale, rantouale, rant'lày', rantouày', ranteuy', rantûy', irintày', irantouin-ne, aragnoou*, m., *aragnâ*, m., *aragnî*, f., *arigné*, f., *tiragni*, f., *èrgnî* f., *égn'ri*, f., *aragnado, ragnado, aragn'rî*, f., *arégnére*, en divers patois.

barachino, f., Savoie, Fen.

érnile, f., Somme, Ledieu.

érancelée, f., *irancelée*, f., M.-et-L., Verrier.

ancelée, f., Centre, Jaub.

arincrin, m., *arincrè*, m., *arîcrè*, m., *érincrin*, m., Belgique wallonne.

tonnelle, f., anc. wallon, Scheler, *Dits de Watriquet*, 1868, p. 68.

panthière d'araignée, f., fr., Dinet, *Hieroglyphiques*, 1614, p. 308.

réths d'airaigne, m. pl., franç., La Gravière, *Eglogues de Baptiste*, 1558, p. 4.

couéfe, f., Verdes (L.-et-Ch.), r. p.

chasse-galants, m., Maine-et-Loire, Mayenne, Orne.

talamora, Brescia, Melch. — *ragnantela*, Trieste, Kos.

filinia, Sicile, Gioeni.

atter-coppa, anglo-saxon. — *cop-web, atter-cob, attir-cop, attercap, spinner-web, spinner-mesh*, dial. anglais.

Enlever les toiles d'araignée avec un balai, se dit :

aragné, arègné, arant'lè, arontlè, éstarignà, éstarigagnà, éstargagnà, éstaralacà, déstarlacà, en divers patois.

ébaragni, Savoie, Fen.

housser, anc. fr., *Roman de la Rose*, 13542, cité par Littré, s. v° *araignée*. — Berck-sur-Mer, L. Duplay, *Berck-s.-M.*, 1895, p. 37.

Le long balai à tête de loup dont on se sert pour enlever les toiles d'araignées est appelé :

éstarignadou, éstérigagnadou, dèslarinadouy'ro (1), *déstatiragnadou, éstaralacadé, éstarlacadé, arant'lou,* en divers patois.

araignoir, m., Mâcon, *Lex.* — Lyon, CANARD, *Mém. de l'acad. de Gourguillon,* 1887, p. 16. « Elle a la tignasse en araignoir. »

TOPONOMASTIQUE :

L'Aragne, village des H.-Alpes, ROMAN, 1887. (Ce nom lui vient d'une anc. enseigne qui représentait une araignée).

L'Araignée, Les Araignées, Les Arignes, Les Araignères, Les Araignes, noms de diverses localités.

Le Serre l'Araignée, montagne de la Drôme, BRUN-DUR.

Le Canal des Araignées, canal à Lille, CAPON, *Marie Claire,* 1896.

Es Aragnes, nom d'un pré qui se trouve chaque année couvert de toiles d'araignées, Suisse rom., JACCARD.

ONOMASTIQUE :

L'Araignée, surnom donné à une femme à cause de la longueur de ses pieds et de ses mains. G. MACÉ, *Lundis en pr.,* 1889, p. 156.

Dairaigne (Berry), *Larinière, Taragnat* (Puy-de-D.), noms de famille.

« Nos aper auditu præcellit, aranea tactu, Vultur odoratu, lynx visu, simia gustu. » *Carmin. proverb. loci comm.,* 1670, p. 8. — « Il entend fin comme une iragne. » Guernesey.

---

(1) « Semblo uno destarinadouy'ro dé gléyso (*d'église*) = *il est long et maigre.* » Avignon, *Lou cholera, étude de mœurs,* Avignon, 1849, p. 9.

« Semblable à ces araignées qui ne tendent leurs toiles que dans les lieux eslevez. » J. P. CAMUS, *Casilde,* 1628, p. 217.

« Elle avait la patience et le courage de l'araignée qui, à dix reprises, recommence sa toile. » DUCKETT, *Les petites ouvrières*, 1862, p. 14. — « Il ne peut pas toujours recommencer sa toile d'araignée = *il ne peut pas toujours refaire le même travail.* » BLONDEL, *Camus d'Arras.*

« *Aranea* = toile excessivement fine. » l. du m. â., DU C., III, 625.

« Et couma l'aragnas, toujours fiara (*file*) et jamaï faï fusa. » Gap, *Soc. d'ét. d. H. A.*, 1884, p. 378.

« *Travailler comme une iragne,* se dit d'un tisserand qui tisse mal. » Guernesey, r. p. — « *Obra d'aranha* = œuvre fragile. » anc. prov., FAURIEL, *Croisade contre les Albigeois*, 1837, p. 665.

« Voilà une raison de toille d'araignée = *voilà une mauvaise raison,* » PLANIS-CAMPY, *Traicté des playes*, 1623, p. 53. — « *C'est une toile d'araignée* = c'est un voile de dentelle de mauvaise qualité qui doit s'user en un rien de temps. » DUTERTRE, *Faux dieux*, comédie, 1866. — « Les unes contrefont les retenues couvrant leur chair d'une toile d'araignée, je veux dire d'une étofe déliée et transparente. » L. DE BOUVIGNES, *Miroir des Mondaines,* 1675, p. 47. — « Vos jambes sont subtiles comme la toil'e d'une araignée. » *La Contrelesine*, 1618, fet 13, vo. — « Les princes ne se lient ensemble qu'avec des fils d'araignée; le moindre changement dans l'intérêt de leur état, les fait passer d'un parti à l'autre. » LE NOBLE, *travaux d'Hercule,* 19e partie, 1694, p. 7. — « C'est un âne très doux, on le mènerait avec un fil d'araignée. » *La Gaudriole du 30 avril 1893.*

« Je suis tremblant comme une toile d'araignée. » DUVERT, *Marchand de peaux*, comédie, 1832.

« Je marche, je n'ai pas les pieds en toiles d'araignée. » Cl. Berton, *Conversion d'Angèle*, 1897, p. 82.

« Mais ne nous attardons pas dans les toiles d'araignées. » *Le Triboulet du 24 août 1879.*

« Toiles d'araignées dans une maison sont des chasse-galants. » Vendée, *Rev. du Traditionn.*, 1906, p. 236.

« L'araignée ne peut rien faire sans sa toille. » Fonteny, *La Mouche*, 1588, p. 2.

« Le noble est l'araignée et le paysan la mouche. » Lagniet, 1657.

« Nos loix sont comme toilles d'araignes, les petits moucherons et petits papillons y sont pris; les gros thaons les rompent et passent à travers. » Rabelais, *Isle sonnante*, 1562. — « Dans les toiles d'araignées les petits moucherons sont arrestés et les gros passent à travers. » Allard, 1605, f[ct] 141. — « Les freslons faussent *(forcent)* l'araignée (la toile d'a.) » xvie s., Baïf, éd. Blanchem., I, 114.

« *Abés de rantelos daban lous els* = vous avez un bandeau devant les yeux, se dit au figuré, c'est-à-dire vous êtes préoccupé. » cévenol, Sauv., 1785.

« *Doigts d'araignée* = doigts de fripon. » *Ducatiana*, 1730, II, 452. — « Mes ongles sont toilles d'araignée. » Auvray, *Banquet des muses*, 1623, p. 121. — « L'œil de la femme est vieil araignée. » Le Bon, 1557. — « Il n'a d'autre souci que de surveiller sa nièce, qui est légère et de celles dout l'œil est une araignée. » D'Héricault, *Les paysans d'Azelonde*, roman. — « Il sçait bien que l'œil de la femme est une araignée. » Id., *id.*

« On dit des récoltes éparpillées de tous côtés *qu'elles sont mises en pattes d'araignée.* » Marne, Guénard.

« *Araignée* = moque fixée à un étai. » Jal, *Gloss. naut.*, 1848.

« *Araignée* = voiture légère dont on se sert aux courses. » Gaume, *Causeries chevalines*, 1865, p. 145.

« *Aranea* = fibulæ species. » l. du m. â., Du C.

« *Yraigne* = crates ferrea; *quinze aunes d'yraigne de Therouanne.* » Du C., III, 900.

« *Araignes,* f. pl. = grille ou treillage de fer que l'on met aux fenêtres pour protéger les vitres. » doc. de 1386, Gay, 1882. — « *Araignée* = même sens », Lorraine, J. M. Michel.

« *Araignée* = filet à prendre les oiseaux. » *Dict. de l'encyclop.*, 1751; on trouve dans le même sens : *araigne, irégnée, arigné,* m.

« *Arachnoïde,* f. = Membrane mince et transparente, qui est entre la dure-mère et la pie-mère, et enveloppe le cerveau et la moelle épinière. — Le mot se trouve déjà avec ce sens dans Ambroise Paré, IV, 6. — « Et afin que ces humeurs ne se pesle-meslent, la cristalline est séparée de l'humeur aqueuse par l'*aragnere* qui est une taye façonnée à mode de *toile d'araigne.* » E. Binet, *Consolat. aux malades,* 1642, p. 103.

« *Araneæ*=maladie nommée herpes. » Simon Januensis, 1486.

« *Pertuis de l'araigne* = certain trou dans l'astrolabe. » Cotgrave, 1650.

« *Nam tui Catulli plenus sacculus est aranearum* = vide; comme il n'y met pas d'argent, les araignées y font leur toile. » Catullus, 13, 7. — « Dans la maison de ton pere la toille d'araignée servoit de tapisserie = *elle était misérable.* » *Le partisan tenté de désespoir,* 1649. — « Elle a fait bastir un hospital pour les femmes qui arracheront les yeux à ceux qui leur parlent d'amour.... Mais il n'y a que des araignées dans ce pauvre hospital. » xviie s., Tall. des Réaux, éd. de 1853, IV, 358. — « Dans ce pauvre appartement il n'y a que des toiles d'araignée pour tapisserie. » Campan, *Le diable babillard,* 1711, p. 21. — « Les araignées faisoient leurs toiles sur mes mâchoires à faute de les remuer = *on ne me donnait pas à manger.* » xviie s., Ch. Sorel, *Hist. com. de Fran-*

cion, éd. Colombey, p. 127. — « Elle se faisoit baloyer les araignées du cul. » ALLARD, 1605, f[ol] 327.

« Je vas te servir un peu d'eau-de-vie, ça fait pas de mal le matin, ça tire les toiles d'araignée de la gorge. » IMBERT, *Trappeurs parisiens*, 1878, p. 139.

« On dit à un enfant : Je te secouerai les arnitoiles = *je te fesserai.* » Valenciennes, HÉCART.

« Tu n'es qu'un vieux plancher Où filent les araignes = *injure à une vieille courtisane.* » AUVRAY, *Banquet des muses*, 1623, p. 335.

« *Araigne* = enfant, femme frêle et maigre. » Locution connue. — « *Araigne* = femme maigre et méchante. » Locution connue. — « Maigre comme une a. de confessional. » GIRON, *Braconnette*, 1890.

« A dé cambos d'iragnado = *il est haut enjambé.* » Languedoc, SAUV., 1785.

« *Pattes d'araignée* = attouchements excitants. » BRUANT, 1901. — « Non, pas de chatouilles ! je crains les pattes d'araignée, *disait une fille à son amant.* » MÉTÉNIER, *Madame La Boule*, 1890, p. 249.

« C'est ine panse d'érègne = *c'est un gourmand.* » Vielsalm (Belg.), *Proj. de dict. wall.*, 1903.

« Elle est fiére comme ine arone = *elle fait la mijaurée.* » Tournai, *Proj. de dict. wall.*, 1903.

« *Araignée de trottoir* = camelot. » argot, NOTER, 1901.

« Ai d'ueils oou cuou coumo l'aragno. » marseillais, DÉCARD, *Révouiro de justici*, 1878, p. 180.

« Marcher à pas comptés comme des airignées. » XVIe s., RÉGNIER, *Sat. XI.*

« *Brulà coumé d'aragno* = brûler rapidement. » Provence, MISTR. (Il s'agit sans doute des toiles d'araignée.)

« *Tchiyâ d'érègnes* = chieur d'araignées, enfant pleurard et grognon. » Laroche (Province de Luxembourg), c. p. M. J. FELLER.

« Triste comme l'yraigne. » SIDRAC, *Demandes*, 1531, f° 176.

Le peuple attribue à l'araignée des vertus nocives qu'elle n'a guère.

Le mot *hargneux* ne vient pas d'*aranea* comme je l'ai dit, *Faune pop.*, t. III, p. 238. Il vient de *argne* qui signifie *mite, teigne ;* voir à l'article *Tinea*, plus bas.

« Le péché nous enfle plus que venin l'yraigne. » EUST. DESCHAMPS, *Œuvres*, éd. Queux de Saint-Hilaire, I, 292. — « Il est comme les araignes qui convertissent en poison ce qui est autrement destiné à bien. » CHOLIÈRES, *Apres dinées*, 1587, p. 9. — « L'araigne qui les plus douces fleurs qui sont à la campaigne convertit en venin. » XVIIe s., COURVAL-SONNET, *Poés.*, éd. Blanch., I, 37. — « L'araignée convertist tout son aliment en venin et poison = *se dit à propos des ingrats.* » P. DE LA NOUE, *Synonyma*, 1618. — « Tu es comme l'araignée qui est un extrait du venin de l'element etheré. » FUSI, *Le mastigophore*, 1609, p. 10. — « Le pechié qui nous enfle plus que venin l'yraigne. » XIVe s., EUST. DESCHAMPS, I, 292. — « C'est une araignée qui fait venin de la rose. » J. P. CAMUS, *Rabat-Joye*, 1634, I, 155. — « Ils tournoient comme des araignées ou des cantharides les roses en poisons. » J. P. CAMUS, *Saint-Norbert*, 1640, p. 36.

« Il faut vous manger les uns les autres comme des araignées dans un pot. » BALZAC, *Le Père Goriot*.

« Eranh vieu de pur' aiga. » anc. prov., BARTSCH, *Provenz. Leseb.*, 1855, p. 164.

« L'araignée mange la mousche et le lisard l'araignée. » LE BON, 1557.

« L'agathe (*pierre*) chasse bien loin les araignes et les scorpions qui ne la peuvent sentir. » BINET, *Œuvres spirit.*, 1620, p. 30.

L'araignée tire son venin des mouches qu'elle suce et va empoisonner de sa piqûre le crapaud. Celui-ci s'en guérit en se frottant avec du plantain. Un jour, l'araignée ayant vu ce manège, alla couvrir de son venin la plante dont le crapaud avait fait provision et réussit ainsi à le faire périr. Sur ce conte voyez : *Li dis de l'iraigne et du crapot* dans *Dits de Watriquet publ. par* Scheler, 1868, p. 65-74.

En beaucoup d'endroits, on n'enlève pas les toiles d'araignées dans les étables, parce que elles attirent à elles les venins et assainissent l'endroit.

« Si dans une étable, on enlève les toiles d'araignée, les bêtes deviendront boiteuses. » Bresse, Renard, *Superst. bress.*, 1893, p. 16.

« Portée vivante sur la poitrine d'un fiévreux, une araignée le guérit, *car elle mange la fièvre.* » Bocage norm., Lecœur, II, 102.

« Pour empêcher les fièvres, on prend une araignée noire vivante, que l'on renferme entre deux coquilles de noix collées ensemble et que l'on porte ensuite suspendue au cou. » Poitou, Souché, *Prov.* — « Les toiles d'a. en boulettes sont bonnes pour combattre la fièvre intermittente. » Auvergne, A. Beal, *Causeries sur l'hygiène*, 1900, p. 28. — « Les cantharides enveloppées dans des toiles d'araignées, pendues au col du malade, le guérissent de la fièvre quarte. » Fusi, *Mastigophore*, 1609, p. 128.

« Quand un enfant est étique, on lui attache au cou une noix à moitié vidée, dans laquelle on a enfermé une araignée. Si au bout de neuf jours, l'insecte est encore en vie, l'enfant vivra; dans le cas contraire, il est voué à une mort certaine. » Doubs, Roussey. — « Entre Largentière et Montréal, un empirique guérit toutes les affections des poumons et de l'estomac en enfermant une araignée dans une coquille de noix qu'il applique sur la peau du malade; l'araignée est chargée de sucer le mal, mais il est défendu au malade de regarder ce qu'il y a dans la coquille. » FRANCUS, *Voy. autour de Privas*, 1882, p. 386.

« Pour être heureux au jeu, on prend une araignée, on l'enferme dans une boîte; quand elle est anéantie, réduite en miettes, on en jette la poussière sur les cartes, les dominos, etc. A coup sûr, alors, on aura de la chance. » Somme, *La Picardie*, 1901, p. 250.

« La toile d'araignée couverte de folle farine est bonne pour les playes. » FABRICE D'AQUAPENDENTE, *Œuvres chirurgic.*, 1649, p. 370. — « La toile d'araignée des moulins ou des lieux où la farine est déposée, est employée avec succès pour les coupures. » Bretagne, Beauce, Orléanais, etc. — « L'araignée de maie (*pétrin*) est souveraine pour la guérison des coupures. » Champagne.

— « Quand un jeune enfant est *échauffé* autour du cou, sous les bras ou entre les jambes, on met du *vermoulu* ou des *arantelles de boulitâ* (toiles d'araignée prises dans le blutoir). Deux-Sèvres, SOUCHÉ, *Prov.*

Au ve s. de l'ère chrétienne, on employait contre la maladie appelée *uva* la recette suivante : « Araneam quæ sursum versus subit et texit prendes, et nomen ejus dices cui medendum erit et adjicies : sic cito subeat uva ejus, quem nomino, quomodo aranea haec sursum repit et texit; tum ipsam araneam in chartam virginem lino ligabis et collo laborantis suspendes die Jovis, sed dum prendes araneam, vel phylacterium alligas, ter in terram spues. » MARCELLUS EMPIRICUS, chap. 14.

« Mettre une araignée dans l'habit de celui qui va tirer à la conscription, lui fera avoir un bon numéro. » Gers, *Soc. archéol. du Gers*, 1907, p. 77.

Présages : « Voir une araignée blanche, présage de l'argent. » HÉCART, *Préjugés de Valenciennes*, 1813, p. 29. — « Une araignée qui court ou qui file, présage de l'argent. » Gers, *Soc. archéol. du Gers,* 1907, p. 78. — « Araignée du matin, Grand chagrin; Araignée d'la matinée, Belle journée. » Nivelles (Belg. wall.), *Wallonia,* 1908, p. 57. — « Araignée de douze heures, Grand malheur. » Pays de Herve (Belge w.), *Wall.*, 1908, p. 57.

« Araignée du matin, Chagrin; Araignée du midi, Souci (1); Araignée du tantôt, Cadeau (2); Araignée du soir, Espoir. » Formulette très répandue. — En certains endroits, on écrase l'araignée, si on la voit le matin, ce qui détruit la chance d'avoir du *chagrin.* — « Araignée du matin, Travail ou Gain; A la chandelle, Bonne nouvelle. » Char.-Inf., Noguès, *Mœurs d'autref.*, 1881, p. 119.

« Ecraser une aragne, le matin, C'est de l'argint; Au soir. C'est de l'espoir. » Mons, Defréch. — « Quand nous voyons une araignée qui file de haut en bas, c'est signe qu'il nous viendra de l'argent. » Thiers, *Traité des sup.*, 1697, I, 212. — « Si l'on voit une a. filer en descendant du plafond, c'est signe qu'il vous arrivera de l'argent. » E.-et-L., Chapiseau, 1902. — « Une a. descendant sur quelqu'un en filant, présage de bonheur. » S.-et-L., Guillemaut, 1890. — « Faisant sa toile sur la tête de quelqu'un, présage de bonheur. » Cantal, Durif, *Voy. pittor. en Auv.*, p. 255. — « Une a. descendant de son fil annonce qu'on sera bientôt payé de son débiteur; montant à son fil annonce le contraire. » Meuse, Labourasse, 1902, p. 179. — « La chute d'une a. sur quelqu'un signifie qu'il va bientôt recevoir de l'argent. » Indre-et-Loire, r. p. — « Si étant à jeun vous apercevez une araignée, il vous arrivera de l'argent sous peu de temps. » P.-de-C., c. p. M. Ed. Edmont. « Des *arnitouéles* dans une maison indiquent que quelqu'un de cette maison se

(1) Variantes : *profit* ou *plaisir* ou *dépit* ou *ennui* ou *esprit.*
(2) Variante de la Charente-Inf. : *signe de repos.*

mariera dans l'année. » Somme, *La jeune Picardie*, 1900, p. 118 ; Nièvre, r. p. — « Les servantes appellent *galants* les toiles d'a. oubliées au nettoyage. » Belg. wall., c. p. M. J. FELLER.

« Quand on voit une a. sur le corps d'un mourant, c'est signe qu'elle se dispute avec Dieu à qui aura le corps. » Naintré (Vienne), r. p. — « Si dans la même matinée, vous rencontrez un crapaud et une araignée, c'est signe que vous ferez une grande perte dans la journée. » Naintré (Vienne), r. p.

« Quand les araignées des bruyères ont tendu leurs toiles partout, en bien plus grande quantité que de coutume, comme cela arrive en certaines années, signe de grande mortalité. » Vosges, MÉLUSINE, I, 455.

« Quand on voit une a. on dit pour pouvoir la prendre : *Saint Roch ! Saint Roch !* » Baugé (M.-et-L.), *Rev. des tr. p.*, 1905, p. 362.

Sur les araignées-lutins en Basse-Bretagne, voyez : *Revue des trad. pop.*, 905, p. 353.

« *Vespa dixit ad araneam : nihil vales quia semper manes in foramine tuo; plus volarem in una die quam tu ambulares per centum. Respondit aranea : veni in domum meam; videbis quantum valeo et qualem apparatum habeo; habeo enim cortinam miri operis; veni videre eam ut comedas et bibas in ea.* Annuit vespa, et veniens in telam araneæ ita irretita est quod evadere non potuit. Quod videns aranea exiit de foramine et occidit eam. » HERVIEUX, *Fabul. lat.*

« Aranea filum extrahit et telam ordinat et tunc totam se eviscerat ut unam muscam capiat. Tandem venit ventus et totam telam cum areneâ et muscâ dissipat et asportat. Sic clerici, curiales et scolares, in frigore et caumate, per ventos et pluvias, per montes et valles laborant et totos se eviscerant ut unicam ecclesiam vel unicum beneficium capiant. » HERVIEUX, *Fabul. lat.*

Sur la fable de LA FONTAINE (III, 8), *La goutte et l'araignée*, voyez : DELBOULLE, *Fables de La F.*, 1891, 48-49.

« Se une arigne entre dedans l'oreille, prens une mouche bien vive et la tiens par les aesles et par les pieds à l'oreille du patient et elle viendra au son de la mouche. » ARNOUL DE VILLENEUVE, *Tresor des poures*, 1530. (Une facétie presque semblable se trouve dans LEDIEU, *Monogr. de Demain*, 1892, II, 230.) Voir aussi : *Cryptadia*, XI, 91.

Sur l'araignée dans les Bestiaires du moyen âge, voy. TOBLER (dans *Zeitsch. f. rom. Philol.*, 1888, p. 83).

Symbolique. — « Une image représentant une toile d'a. est accompagnée de ces mots : *ouy et non.* » LA FEUILLE, *Devises*, 1693. — « Une image montrant une a. travaillant à refaire sa toile rompue est accompagnée de ces mots : *Interrupta retexam; je raccommode mon travail interrompu.* » ID., *id.*

Pour l'araignée dans la symbolique chrétienne voyez : CAHIER, *Caract. des saints*, 1867, I, 63.

Aranea diadema (LINNÉ).

araignée porte-croix, franç., NEMNICH, 1793.

« Cette a. a une croix blanche sur le dos; elle lui a été donnée par le Sauveur au moment de la Passion, parce qu'elle avait étendu sa toile sur ses plaies, pour empêcher les mouches d'en approcher. » Calvados, r. p.

« L'araignée qui a une croix sur le dos a de petites pierres dans le corps ; on attache ces pierres au cou pour servir d'amulette contre la peste. » P. J. FABRE, *Traicté de la peste*, 1629, p. 94.

LES FILS DE LA VIERGE.

Certaines espèces d'araignées (1) produisent des fils blancs que l'on voit voltiger dans la campagne, en automne quand il fait beau temps. On les nomme :

sabbatini aranearum, lat. du m. â., GOETZ.
fila divæ virginis, l. du m. â., GRIMM, s. v° *gallensommer*.
filandra, *filandrum*, l. du m. â., WRIGHT.
filandres, f. pl., franc., DUEZ, 1664 ; etc., etc.
fiélàndras, f. pl., Corrèze, BÉRONIE.
filandênes, f. pl., *filandrôs*, m. pl., M.-et-L., VERRIER.
ficelles, f. pl., Orchamps (Jura), r. p.
filets de Saint-Martin, m., français, HUETIANA, 1722, p. 369.
filasse de Nostre-Dame, f., fr., DINET, *Hieroglyphiques*, 1614, p. 207. — *fils de Notre-Dame*, Aisne, c. p. M. L. B. RIOMET. — *filasse de la Vierge Marie*, fr., DUEZ, 1678.
filés d'Avierge, m. pl., wallon, DEFR.
fils de Marie, m. pl., *fils de la Bonne Vierge*, m. pl., Berry, LAP.
filés de la Viérche, m. pl., Valenciennes, Maubeuge, HÉC.
filés de madame, m. pl., Somme, Pas-de-Calais.
cheveux de la Vierge-Marie, franç., HUETIANA, 1722, p. 369.
cheveux de Madeleine, Matignon (C.-du-N.), *Rev. d. tr. p.*, 1905, p. 214.
bilôs de Saint-Remi, m. pl., Chenay (Marne), c. p. M. E. MAUSSENET.
pial de Sénta-Anna, m., limousin, LEMOUZI, 1895, p. 47.
couvrây', f. pl. (= automne), blaisois, THIB. — Verdes (L.-et-Ch.), r. p.
véyins, m. pl., (= veillées, c.-à-d. époque des veillées, en automne), Broye-l.-P. (H.-Saô.), PERR.

(1) Genres *Thomise*, *Epeire*, *Lycose*, etc.

semailles, f. pl., *semeuses*, f. pl., M.-et-L., Verr. (ces fils paraissent au moment des semailles en automne).
ouéranbô, m., Landremont (Meurthe), Adam.
sâhon, f., wallon, Grandg. — *aweûre*, wallon, Defr.
freluches, f. pl., fr. du xviie s., Littré.
poutî, f., Valenciennes, Hécart.
escuma dé mar, f., Lansargues (Hér.), Langlade, *Las d'amour*, 1879, p. 48.
fiòcco, italien, Duez, 1678.
gallussommer, *gallensommer*, *altweibersommer*, *weibersommer*, *fadensommer*, *mettensommer*, *fliegender sommer*, *mettenfaden*, *marienfaden*, *mariengarn*, *kobbesen-feme*, pl., Allemagne. — *muttergottes fliaeschen*, Luxembourg.
garsummer, *mooseweb*, *mousseweb*, *muzweb*, *muzwipe*, dial. anglais.

« Elle était brave et polie comme un fil de la Vierge. » *Gil Blas illustré du 12 avril 1896.*

« On appelle les filandres *jetons de Marie* parce que la Vierge Marie les *jette* en filant sa quenouille. » Berry, Laisn. de la S. — « Ce sont des fils que laisse tomber la sainte Vierge quand elle file. » S.-et-M., r. p. — « Quand on les voit on dit : voilà la sainte Vierge qui déchire sa robe. » Pierrefonds (Oise), r. p. — « Les fils d'automne sont tissés par une fille dissipée qui, par punition, est dans la lune, filant sans relâche. » Belg. wall., *Wallonia*, 1893, p. 165-168.

« On prétend que ces fils proviennent des filatures de coton du dép. du Nord. » Aisne, c. p. M. L.-B. Riomet.

« Quand on voit les filandres on dit : *Las éyragnas filant, faï bou à bladà* = les a. filent, il fait bon à ensemencer. » Creuse, r. p.

« Les fils de la Vierge vus, présagent nouvelles de l'absent. » Quimper, *Rev. d. tr. p.*, 1905, p. 196.

« Celui qui brise les fils de la Vierge fait pleurer le bon Dieu. » Dinan (C.-du-N.), *Rev. d. trad. pop.*, 1901, p. 141.

« L'eau des fontaines où il y a *des fils de la Vierge* est meilleure que d'autre parce que la Vierge est venue y filer. » Dinan (Côtes-du-Nord), *Rev. d. tr. p.*, 1901, p. 141.

« Celui qui parviendra à faire un peloton de fils de la vierge sans les rompre, ira sûrement en paradis. » Ardennes, MEYRAC, p. 174.

« Si vous rencontrez, le matin à jeun, des fils de la vierge, qui se collent à votre figure, vous pleurerez dans la journée. » Cant. de Brulon (Sarthe), r. p.

« On appelle *urgnoles* (= petites araignées), la vibration de l'air qui donne l'illusion d'une myriade d'araignées en l'air; *urgnolày'* = aller çà et là. » Ile d'Elle (Vendée), GUÉRIN.

Argyroneta aquatica (WALCKENAER).

aranea aquatica, nomencl. de LINNÉ. — *araignée d'eau*, franç. — *marie à quatre pattes*, Jura, TOUBIN. — *sôtriô*, m., Marne, GUÉN.

water-span, Sheffield, ADDY. — *tom tayleor*, Cumberl., DICK.

Phalangium opilio (LINNÉ). — **LE FAUCHEUX.**

(Voy. *Faune pop.*, t. III, p. 244.)

phalangius, lupus, lat. de PLINE. — *phalangium, sphalangia, spalangia*, l. du m. â., DU C.; DIEF.; SIMON JANUENSIS, 1486.

phalange, m., franç., DU POY-MONCLAR, 1563, f[et] 104. — *loup-araigne*, m., fr., DU PINET, 1625, II, 410. — *leû*, m., Mons, DEFR. — *martin-leû-leû*, Nivelles (Belg.) — *chiëve-arîne*, f.,

Ineuil (Cher), r. p. — *cabro*, f., B.-Alpes. — *chièbe*, f., Berry. — *tsabro martèlo*, f., Puy-de-D.

faucheur, faucheux, faucheuse, en divers endroits. — *fôchou*, m., *faouchô*, m., H. Bret. — *fôkeû*, m., Calv., Aisne. — *fôchette*, f., S.-et-M. — *chonfleur*, m., Saint-Martin du P. (Nièvre), r. p.

aragno càmbarudo, f., provenç. — *canbérô*, m., Ain. — *tchàmbaréô*, H.-Vienne. — *thambërô* (avee *th* angl.), m., H.-Savoie. — *janbotte*, f., jargon de Razey près Xertigny (Vosges), r. p. — *grandes pattes*, H.-Saône. — *gày'nude* (= qui a de longues jambes), B.-Pyr., Lespy.

aragne de terre (= araigne des champs, par opposition à l'araigne des maisons), f., namurois, Pirsoul.

éran-ne, f., Saint-Pol (P.-de-C.), c. p. M. Ed. Edmont. [L'araignée ordinaire y est appelée *arégnie*; quand les vaches sont météorisées on dit que c'est pour avoir avalé des éran-nes.]

charré, m., limousin, *Lemouzi*, nov. 1897, p. 338.

moissoneuse, f., Somme. — *tisserant*, m., Isère. — *cày'trèsse* (= tricoteuse de dentelles), wallon, Grandg. — *charpentier*, m., Vosges. — *claoutî* (= cloutier), m., *ouèlin*, m., wallon, E. Monseur, *Folkl. wallon*, p. 9. — *archer*, m., Aube, Baud. — *berdgi*, m., Nivelles (Belgique).

moridèro, f., Thiers (P.-de-D.), r. p. — *maridandiro*, f., Limagne (P.-de-D.), Pomm.

amoureux, amoureuse, Anjou, Berry. — *amourètte*, f., Char.-Inf.

pissenlit, m., Verdes (L.-et-Ch.), r. p. — Vendômois, Mart.

aranha fada, fada estranha, anc. prov., Rayn., s. v° *aranha* et s. v° *eruca*. — *sorcière*, f., Bourgogne. — *vôdouèze*, f., *vôdouèy'*, f., Nièvre. — *vieille*, f., Anjou. — *grand'mère*, S.-Inf., Somme. — *putain*, f., Naintré (Vienne), r. p. — *chance*, f., Vosges.

wâldschritar, m., Davos (Grisons), Buhler.

erdspinne, weberknecht, allem. — *schrag,* Aix-la-Ch., MULL. — *heuwage,* t., Styrie, UNGER. — *zimmermann, müller, müllermaler,* Hesse.

shepherd, angl., MOUFETUS, 1634. — *daddy-long-legs,* angl., MURR. — *tom-tarra-legs,* Sheff., ADDY. — *harvest-man,* Lincolnsh.

shaapherderspin, langpoot, hooywagen, hollandais. — *läcke, laocke,* suédois.

« Des jambes de faucheux = *longues et minces.* » *Le Figaro du 21 juillet 1861.*

« Il allongeait ses jambes de faucheux. » MÉLANDRI, *La Gouvernante,* 1888, p. 494. — « *Le Faucheux* = surnom donné à un individu à cause de ses grands bras et de ses grandes jambes. » E. MURER, *La Mère Nom de Dieu,* 1888, p. 47.

« Les petites filles réunies lui arrachent les pattes et chacune en met une dans le creux de la main. La patte se meut toute seule ; plus elle se meut, plus celle qui la tient est censée savoir danser. Puis elles procèdent à une autre épreuve. Une d'entre elles prend le corps de l'animal dans la main fermée et demande successivement à chaque camarade : *cul ou tête ?* Si elle répond *tête,* par exemple, quand la main est ouverte la direction de la tête indique de quel côté elle se mariera. » Ineuil (Cher), r. p. — « La patte indique de quel côté elle se mariera. » Guernesey, r. p. — « Elle indique si l'on est aimé. » P.-de-D., POMMER. — « Si la patte frappe verticalement, présage de bonheur, horizontalement ou pas du tout, présage de malheur. » Saint-Martin-du-P. (Nièvre), r. p. — « On lui demande de quel côté est le garde champêtre et elle indique la direction » Belg. wall., HAROU, *Folkl. de Godarville,* 1893. — « Si la patte remue dans la main c'est qu'on a pissé au lit, d'où le nom de *pissenlit* donné à l'araignée. » Verdes (L.-et-Ch.) r. p.

« Autant de fois la patte remue, autant on a d'années à vivre. » Guernesey, r. p. — « Des enfants en font un jeu; ils prennent chacun une patte dans la main; celui dont la patte remue le plus longtemps gagne.

« On dit à la patte détachée : *Bonne faucheuse, si tu fauches bien, le foin sera bon.* » Brulon (Sarthe), r. p.

Voir encore sur ce sujet : *Wallonia*, 1904, p. 69.

Ixodes ricinus (Latreille). — **LA TIQUE.**

(Voy. *Faune popul.*, t. III, p. 250.)

lupa, lat. de Dioscoride publié par Stadler. (Le mot a pour équivalent le grec κἰκι.) — *ricinus, riginus, ricimus, cici, cicinus, teca, iuria, uria, urio, urica, usia, sia*, l. du m. â., Du C.; Dief. — *uncus, harpago*, l. du m. â. en Italie, Du C. — *engula*, l. du m. â., J. Cuba, *Jardin de santé*, 1539, 2e partie, *Des bestes*, fet 26. — *acarus ricinus*, nomencl. de Linné.

loup de bois, H.-Marne, Côte-d'Or. — *louvette*, f., franç., Rob. Estienne, *Dict. fr. lat.*, 1549; Thierry, 1564; etc., etc.; Maine, Orléanais, Fr.-Comté. — *louètte*, f., H.-Bret., Orléanais. — *luètte*, f., Guernesey. — *louâ*, m., Nièvre. — *louvà*, m., *lovà*, m., Genève. — *louvädje*, f., *louvâche*, f., Fr.-Comté. — *louvère*, f., *louvière*, f., H.-Saône. — *loubâche*, f., *louâche*, f., Berry, Yonne. — *labache*, f., poitevin, Lal. — *rabache*, f., Bressuire, Lal. — *rouâche*, f., Orléanais, Berry. — *lake*, f., Boulogne-s.-M., Haign. — *lachi*, f., dauphin. — *liâche*, f., *liôche*, f., *yôche*, f., Rhône. — *lôche*, f., Luxembourg. — *loche*, f., Oise. — *lâtch*, m., *lâche*, m., *létche*, f., *lêge*, f., *yèsse*, f., Fr.-Comté. — *liasse*, f., anc. fr., *Hortulus puerorum*, 1606.

lagasto, f., B.-Alpes, Gers, Ariège. — *lagast*, m., Aude, H.-Gar.

— *lagass*, m., Landes, Lot-et-G. — *lhagastou*, m., Pyr.-Or. — *làngasto*, f., provençal. — *léngasto*, f., *gourgouli*, m., cévenol, Sauv., 1785. — *lingasto*, f., provenç. — *lingousto*, f., Lozère. — *lagastino*, f., Gascogne. — *lagagne*, f., B.-Pyr.

rézé, m., *rézi*, m., languedocien, D'Hombres. — *réy'ssé*, m., *rédé*, m., Aveyr., Mistr. — *râtyô*, m., Centre, Jaub.

tic, m., fr., Duez, 1678. — *tique*, f., *tiquet*, m., fr. anc. et mod. — *ticò*, m., Namur. — *tice*, f., env. d'Avranches.

tane, f., Poitou, Lalanne.

tinan, m., *tinon*, m., wallon, Defr. — *tènateûze*, f., jargon de Razey près Xertigny (Vosges), r. p.

pou de bois, Lorraine, Champagne. — *pë˜ dë bouè*, m., Ain. — *pou de chien*, Loiret. — *pédâsse*, f., *pëdâche*, f., Berry, Poitou. — *peligre*, f., Char.-Inf., Jôn. — *morpion de chien*, m., fr., J. Bodin, 1597, p. 427; Calvados, r. p.

pacre, f., Poitou, Anjou. — *pato*, f., provenç. — *patt*, m., H.-Gar., T.-et-G., Lot, Aude, Aveyr., Cantal.

châtin, m., Ineuil (Cher), r. p.

cascalhon, m., anc. prov., Levy. — *casquilloun*, m., provenç., Pellas, 1723.

rond ver, m., franç., J. Bodin, 1597, p. 427.

tarague, f., Côtes-du-Nord, Guernesey.

teurec, breton de l'île Molènes, *Arch. f. celt. Lexicogr.*, III, 253.

cecca, *zecca*, *ricino*, italien. — *garrapata*, *rezno*, espagn. — *carracha*, galicien. — *zäcke*, *hundslaus*, *holtzbock*, allem. — *dogtick*, angl.

Toponomastique : Laguast, *Lagas*, localités des B.-du-Rh., Mortr.

« In alio pediculum vides, in te ricinum non vides. » Pétrone.

« *Tiro coumé un làngastoun*, se dit d'un enfant qui tette beaucoup. » Provence, Mistr.

« Plus ront que ung tiquet. » Le Roux de L., *Cent nouv. nouv.*, II, 213. — « Plus enflé qu'un tiquet. » xve s., Bijvanck, *Un poète inconnu*, 1891, p. 36. — « Il mourut enflé comme une ticque, » doc. de 1554, Ménage, 1750.

« *D'une pato vèn un résé* = d'une tique plate vient une tique gonflée. » Provence, Mistr.

« Que pouot nouiri l'arno, le codilho et lou brebial Oquel d'oqui trai pas mal = *qui peut nourrir mite, charançon et tique, celui-là ne prend pas mal.* » Aveyron, Duval.

« *Passe la puce, passe l'aragne Mais lou pedoulh et la lagagne!* = passe la puce, l'ar., mais le pou et la tique, c'est trop; il y a trop de chagrins dans la vie. » B.-Pyr., Lespy.

« Le ver rond s'arrape aux chiens et aux bœufs et n'ayant pas de trou pour sortir sa viande, se creve. » Fontaine, 1612.

« Si le langou avait des yeux, Si la rouâche avait un cul, Tout le monde serait perdu. » Charost (Cher), Coudereau.

Devinettes. — « Qu'est-ce que Dieu a oublié de faire quand il voyageait sur la terre? *Un trou au cu de la tique.* — « Quelle espèce de bête mange et ne chie pas? *La tique.* » Devinettes bretonnes, Sauvé (dans *Rev. celt.*, 1879, p. 71-72).

Ixodes reduvius (Latreille). — **LE POU DE BREBIS.**

amittena, l. du m. â., Wright. — *garrapata*, lat. du m. â. en Espagne, Du C. — *reduvius*, nomencl. d'Eber, 1556.

pou de brebis, pou de mouton, pou de vache, pou de cochon, franç. — *bèrcày'*, m., S.-Inf. — *brébial*, m., Aveyr. — *borbal*, m., Gard. — *bärbelê*, m., H.-Sav. — *barbelin*, m., Berry. — *brébion*, m., Manche. — *bĕbion*, m., La Reid

(Belg.), Body. — *barbézi˜*, m., *bèrbézi*, m., Provence, Languedoc, Dauphiné. — *barbézà*, m., *bèrbià*, m., H.-Alpes. — *barbijò*, m., *borbohò*, m., *bëb'hò*, m., Belg. wall. — *brëghin*, m., *brëghègn*, m., C.-d'Or. — *brëgò*, lyonnais. — *brigô*, poitevin. — *bordjaou*, m., Vallières (Creuse), r. p. — *bèrzô*, m., *bèrzin*, m., Anjou. — *bèrjô*, m., Berry. — *borjô*, m., Thiers (P.-de-D.), r. p. — *bajô*, m., Naintré (Vienne), r. p. — *barjolet*, m., Saint-Ybard (Corr.), Laroche. — *bërdin*, m., *bardin*, m., Mayenne. (Sur ce mot *bardin*, voyez : A. Thomas, *Mél. d'étym.*, 1902, p. 29. — *bërdine*, f., Sarthe. — *bëdrin*, m., H.-Bretagne. — *bërlin*, m., Berry, Nièvre. — *brëlan*, m., Loiret. — *bërlurètte*, f., *bërluzètte*, f., Centre, Jaub. — *burin*, m., Poitou, Lal. — *bérchan*, m., Boulogne-s.-M., Haign.

bu-ou, m., Arrens (H.-Pyr.), c. p. M. M. Camélat.

paghe, f., *pagô*, m., *passe*, f., *tacô*, m., *réne*, f., *régne*, f., *brézin*, m., M.-et-L., Verr.

bok'hò, m., Belg. wall., c. p. M. J. Feller.

platë, f., *plotë*, f., Savoie.

rouane, f., Loir-et-Cher.

carcèl', f., env. de Châtellerault (Vienne), Lal.

soce, f., env. de Moûtiers de Tarent., Const.

labar, m., H.-Pyr., c. p. M. P. Tarissan.

lapia, f., Savoie, Fen. — *lache*, f., C.-d'Or, Daubenton, *Instruct. p. les bergers*, an X, p. 238.

patt, m., languedoc., Mistr. — « Manjarié' no fédo lou patt aou cuou. »

bécar, m., Le Havre, Maze.

zecca, ital. — *cèçhe*, f., *piàtule*, frioulan. — *zäch*, Davos (Grisons). — *cardanca*, Sardaigne. — *garrapata*, asturien, Rato.

cade, angl. de 1570, Murr. — *tick*, *ked*, *kaid*, *kid*, *keb*, *wick*, *bouge*, *fag*, *sheep-louse*, *sheep-cade*, *sheep-tade*, dial. angl.

« L'arrapé coümo un pastré aganto un barbésin. » Provence, *Rev. d. l. rom.*, 1884, p. 11.

« Cette personne ne vaut pas un pou de cochon *ou* elle est méchante comme un pou de cochon. » Champagne. — « Sale comme un pou de brebis. » Aisne, c. p. M. L.-B. Riomet.

« *Il s'areuille comme un berlin* = il a le regard incertain. » Centre, Jaub. — « *Berline, berlinerie* = idée de travers, idée noire; *berlin* = maniaque, bizarre; *t'as donc le berlin* = tu ne sais pas ce que tu fais. » Centre, Jaub. — « Entêté comme un bĕdrin. » Ille-et-Vil., c. p. M. Ch. Lecomte.

Leptus autumnalis (Latreille). — **LE ROUGET**.

(Voy. *Faune pop.*, t. III, p. 251.)

bête rouge, petite bête rouge, Maine, Berry. — *rouget*, en divers endroits. — *roujô*, m., *vardè*, m., Centre, Jaub. — *rou rouge*, m., Brulon (Sarthe), r. p. — *roujon*, m., M.-et-L.

luâchon, m., *louâsseron*, m., *rouâsseron*, m., Nièvre.

austeron, m., *ousteron*, m., anc. fr., Courval-Sonnet, *Poés.*, éd. Blanch., I, 152; Fournier, *Var. hist.*, V, 68. — *aoutâ*, m., S.-et-Oise, Marne, Aisne. — *aoutin*, m., Marne.

vandangeron, m., *vandageron*, m., Poitou. — *vandanjou*, m., *bête de fer*, f., Orléanais, Mart.

chènne, f., Saint-Aubin-du-D. (Mayenne), Dott. — *sélô*, m., Sarthe, May. — *sin-nô*, m., Sarthe.

ortigeon, m., Limousin, Guyon, *Cours de médec.*, 1673, I, 102. (Cet insecte procure la sensation d'une piqûre d'*ortie*.)

ghèrdin, m., Maine-et-Loire, Verrier.

« On appelle *coque de Saint-Laurent* la démangeaison causée par cet insecte. » Rennes, Coulabin.

Trombidium holosericeum (Fabricius.)

tique rouge satinée, franç., Geoffroy.

Acarus domesticus (De Geer).

acarus ciro, *tyroglyphus ciro*, autres nomenclatures.
mite du fromage, f., *miton du fromage*, m., *migne du fromage*, f., *ciron du fromage*, m., franç., Duez, 1664. — *ciron*, m., *ver du fromage*, français. — *chiroun*, *frioun*, provenç., Honn.; Cast. — *alàmbic*, *alabic*, *arabic*, *arabi*, Gard, Hérault. — *môlon*, m., *mulò*, m., Quarouble (Nord), c. p. M. L.-B. Riomet. — *sèyètte*, f., *mènne*, f., *mègne*, f., Belg. wall., c. p. M. J. Feller.
acaro, *vermetto*, *vermineto*, *baco di cacio*, *setola*, ital. — *mites*, *gusanito del queso*, *cresas*, espagn. — *saltones*, asturien. — *käsemilbe*, *käsemiethe*, allem. — *cheese-mite*, angl. — *mints*, angl. dialect.

Acarus farinæ (De Geer).

ciron de la farine, m., *ciron*, m., français. — *mite de la farine*, f., *mitron*, m., franç., Millet, *Etat de l'agricult. en Maine-et-L.*, 1856, p. 263. — *artuzou*, m., H.-Gar. — *mènëtte*, f., Marne.

Acarus gallinæ (De Geer). — **LE POU DES POULES**.

pou des poules, m., franç. — *pépidoun*, m., *pipidoun*, m., provenç. — *pouillon*, m., franç., Rozier, 1793.
mègne, f., wallon, Defr. — *mènëtte*, f., Marne.
pullina, Corse. — *bdocc pulen*, Romagnes. — *pipioli*, Brescia. — *plizzon*, Pavie.

Pediculus cervicalis (Linné). — **LE POU.**

(Voy. *Faune popul.*, t. III, p. 252.)

pediculus, *peduculus*, *peducla*, *pedunculus*, *pedicus*, *sexpes*, *sextupes*, *sextipediculus*, l. du m. â., Dief.; Wright.

pedouil, m., anc. gasc., *Arch. hist. de la Gir.*, t. XI, au glossaire. — *pedoolh*, m., anc. béarn., Lespy.

pëdoulh, m., *pëdulh*, m., *pëdolhi*, f., *pëdolhe*, f., *plhu*, m., *p'thàü* (avec *th* angl.), *p'thëy'* (avec *th* angl.), *p'ghiou*, m., *pézoul*, m., *pézoulh*, m., *pouzoulh*, m., *pézou*, m., *pëzou*, m., *pédzui*, m., *pëzué*, m., *poul*, m., *poulh*, m., *polh*, m., *pèlh*, m., *pièlh*, m., *poualhou*, m., *poualh*, m., *pur*, m., *pouày'*, m., *pieûy'*, m., *pèouy'*, m., *piaou*, m., *piëou*, m., *pièü*, m., *piàü*, m., *puoou*, m., *pouy'*, m., *peûy'*, m., *pëy'*, m., *péou*, m., *paou*, m., *piou*, m., *piò*, m., *pia*, m., *pyë*, m., *piu*, m., *poué*, m., *pouë*, m., *poui*, m., *pô*, m., *peû*, m., *pë*, m., *pè*, m., *pa*, m., *pû*, m., *pu*, m., *pë~*, m., *pôyò*, m., *pouyò*, m., *pôyon*, m., en divers patois.

pévoul, m., *pévour*, m., Ardèche, Drôme, c. p. M. Ed. Edmont.

pouré, m., jargon de Razey près Xertigny (Vosges), r. p.

pou de tête, m., francais. (Par opposition au *pou de corps* et au *pou du pubis*.)

loup, m., terme enfant. en div. endr. — *loulou*, m., terme enf., Duez, 1678; etc., etc. — *loupè*, m., Avon (S.-et-M.), r. p. — *loupiô*, m., Nièvre, r. p.

kiki, m., *chichi*, m., termes enf., Provence, Avril.

biyô, m., Bournois (Doubs), Roussey.

barbàn, m., terme enf., prov., Achard, 1785. — Marseille, Régis de la Col., 1868, p. 138. (*Barbàn* signifie : croque-mitaine, être imaginaire dont on fait peur aux enfants; on leur dit, pour les engager à se laisser peigner : *laisse-toi peigner, sinon les barbans te mangeront !*). — *barboto*, f., Lot. — *babaou*, m., Gard.

magnàn, m., Marseille, GROS, 1763, p. 97. — *mamiaou*, m., Provence, GARCIN.

limousin. m., Le Havre, MAZE.

capuchi (= capucin), H.-Pyr., c. p. M. P. TARISSAN.

capérà (= chapelain, prêtre), m., béarnais.

piocou, m., Pézénas, MAZ.

picard, m., argot, OUDIN, 1640. — *picant*, argot en 1690, SAINÉAN, 1907, p. 77.

groulô, m., *ghin*, m., *noble*, m., *monsieur*, m., *ministre*, m., Maine-et-L., VERR.

gripiou, m., Namur, GRANDG.

cracou, m., Aveyron, VAYSSIER.

grison, m., anc. argot, MONTAIGLON, *Rec. de poés. fr.*, V (1856), 153. — « Quant des grisons que j'ay tant demenés, Sur la dure fait troter cinq et quatre, J'ay proposé qu'ils seront ordonnez Aux mendiants... » *Testament de Ragot*, s. d. (vers 1520).

cavalier vestu de gris, m., franç., DESLAURIERS, *Prologues sérieux*, 1610, fol 133.

bandes grises, f. pl., franç., *Facétieuses paradoxes de Bruscambille*, 1615.

pezoul, m., argot franç., P. LECLAIR, *Hist. des brigands d'Orgères*, an VIII. (Mot emprunté au Midi).

pegoce, m., *picanti*, m., argot, *Jargon ou lang. de l'argot*, 1628.

mie de pain, *mie de pain à ressort*, *mie de pain mécanique*, *miette*, *puce de meunier*, argot parisien.

perles de gueux, f. pl., franç., DUEZ, 1664.

mistoudin (1), m., franç., DESLAURIERS, *Nouv. imaginat. de Bruscambille*, 1615, p. 39. « Les gueux exercent leurs ongles à la chasse des mistoudins. »

---

(1) Ce nom est donné au pou par plaisanterie. Le *mistoudin*, selon DUEZ, 1664, est un *muguet*, un *dameret*.

goth, m., anc. fr., Fr. Michel. *Et. sur l'argot.* « Gredins, qui n'avez que les os, Sans nos joueurs gens tres devots, Seriez-vous pas mangez des *goths*? » *Avantures de monsieur d'Assoucy*, 1677, I. 80, citées par Fr. Mich.

gau, m., argot, *Jargon ou lang. de l'Arg.*, 1628. — *gou*, m., argot des peigneurs de chanvre du Jura. — *gò*, m., argot lyonnais.

guenau, m., anc. fr., Cholières, 1587, cité par God.; Oudin, *Curios, franç.*, 1640. (On appelait *guenaulx de Saint-Innocent*, les gueux qui se tenaient aux abords du cimetière Saint-Innocent à Paris. Rabelais, *Pontagruel*, 1533, ch. XII, dit : *Des cornets pleins de pulses et de poux qu'il empruntait aux guenaulx de Sainct-Innocent*). — Elle dira combien les innocents Guenaux Ont dans leurs vieux haillons de poux ès hospitaux. » D'Esternod, *Espadon satyrique*, 1680, p. 150.

klô, m., Courtisols (Marne), c. p. M. Ed. Edmont.

ghin, m., *groulô*, m., M.-et-L., Verrier.

cani, m., argot de Montmorin (H.-Alpes), *Soc. d'ét. d. H.-A.*, 1883.

kéni˜, m., provençal, Mistral. [Le mot serait emprunté à l'argot juif].

estafier mordant, franç., Leroux, *Dict. com.*

esparvier de Montagu, m., franç., Rabelais. (Rabelais dit que Montagu était *un collège de pouillerye.*)

écrevisse d'hôpital, f., Valenciennes, Héc.

pulce de l'Hostel-Dieu, f., *pulce en mascarade*, f., anc. fr., Oudin, *Cur. franç.*, 1640.

puce d'hôpital, f., argot, L. Rigaud.

pulce musnière des Hostels-Dieu, franç., Marc. Allard, 1605, fol 115, vo.

puce moulinière, f., franç., Thomassin, *Regrets facétieux*, 1632. p. 19. — *pulce de meunier*, f., franç., Duez, 1678.

coquillon, m., argot, *Vraye médecine de Maistre Grimache*,

XVIe s., p. XXX. « Un vieux sac à coquillon = un sac de mendiant. »

coquignon, m., argot, *Intérieur des prisons*, 1846.

espagnol, m., *rapattu*, m., argot, LERMINA, 1897.

grenadier, m., *habitant*, m., *locataire*, m., *loupak*, m., *loupate*, m., argot, BRUANT, 1901.

capucin, artilleur, gabiyô, m., *grënèdî*, m., *grëdi*ˇ, m., *grëdoûche*, m., noms facétieux, Doubs, ROUSSEY.

cousin, lapin, hulan, Loiret et Eure-et-L.

sapinette, f., normand, XVIIe s., HÉRON, *Muse norm.*, 1895, V, 198.

père, m., Pas-de-C., c. p. M. ED. EDMONT. (Lorsqu'on a tué un gros pou sur la tête d'un enfant, on lui dit : celui-là est *un père !*)

c'hoanenn-miliner (= puce de meunier), *c'hoanenn-vaill* (= puce panachée), breton, TROUDE.

pellegrino, argot ital. — *trota-pian, fratello d'Italian, cavaléjer della sela bianca, fervaya de pan con il muso*, argot de Turin, *Archivio d. trad. pop.*, 1899, p. 565.

gualdo, gualtino, guallino, guinaldo, anc. argot ital., SAINEAN, 1907, p. 138 et p. 150. — *sgualdo, pluffer, laus, comàndolo*, argot de Parme, MAL. — *camandoi*, pl., argot de Brescia, MELCH. — *grisanti, grisaldi*, argot italien. — *tavan*, Milan. — *biss, bisson*, Milan, Crémone, Romagnes. — *pélar*, Côme, MONTI. — *canaren*, argot des Romagnes, MORRI. — *domenicano*, Sicile, ROCCELLA.

gao, picon, Juan de Garona, argot espagnol.

gao, gando, ganau, argot portugais, SAINÉAN, 1907, p. 138.

boppelânner, pejoaten, briede, frison, DIJK.

pajutts, pl., Aix-la-Ch., J. MÜLLER.

ey (en 1547), *kinnim* (en 1812), *kimme* (en 1750), *walter* (en 1750), argot allem., KLUGE. I, 93, 217, 300.

hauswalter, anc. argot all., *Revue d'Alsace*, 1880, p. 33.

bugs, boes, biddy, dicky-bo'd, griggy, scrallybob, nab-nanny, *mum*, dial. anglais. — *gray, scotch gray, gray-back, gold-backed uns, chats*, pl., argot angl., *Slang dictionary*, 1885. — *cantie smatchet*, argot d'Ecosse, Jam.

puzhum, paschan, dschulo, tsigane, Kogalnitchan, *Hist. des Cigains*, 1837.

tchuw, likka, starheringeri, tsigane, Liebig.

L'œuf de pou est appelé :

lens, lendes, au plur., latin.

lendis, lendix, lendina, l. du m. â., Goetz.

lende, m., *lenda*, f., *lendena*, f., anc. prov., Rayn.; Levy.

lendre, f., *lentre*, f., *lende*, f., *lente* (1), f., *lens de pouls*, m. pl., *lens*, m. pl., anc. fr.

lèndëna, f., *lindyëna*, f., *lindènë*, f., *lindèn'*, f., *landine*, f., *lindilhe*, f., Suisse rom., Savoie, Lyonnais.

léndèa, f., niçois, Sütterlin, p. 275.

lindýiy', f., Vinzelles (P.-de-D.), Dauzat, p. 97.

lindou, m., Limousin, *Soc. archéol. de la Corr.*, 1900, p. 257.

lènda, f., *léndé*, m. ou f., *aléndé*, f., *yindré*, f., *glàndé*, f., *léndi*, f., *linde*, f., *lande*, f., *lante*, f., *linte*, f., *laonte*, f., *nante*, f., *lèni*, f., *lin*, m., *lan*, masc. ou fém., en divers patois.

lèlna, f., *lêthna* (av. *th.* angl.), f., *lé˜n'*, m., *lè˜nta*, f., env. d'Annecy, Const.

lenzé, limousin, Chabaneau, *Gramm. limous.*

glante, f., Brie marnaise (Marne), Guénard.

late, f., Mouzon (Ardennes), Goffart, *Gloss. mouz.*, 1900.

roghin, m., Saint-Vaast-Diepp. (S.-Inf.), c. p. M. Ed. Edmont. — *grachété*, f. pl., Vaux-l.-M. (Jura), c. p. M. Ed. Edm. — *caplé*, m., Ponts (Manche), c. p. M. Ed. Edm. — *ménudo*, f.,

(1) Voir sur l'étymologie de ce mot : A. Thomas (dans *Romania*, 1896, p. 81).

Le Mas d'Azil (Ariège), c. p. M. Ed. Edm. — *byéouos*, f., pl., *byouos*, f. pl., H.-Gar. et H.-Pyr., c. p. M. Ed. Edm.
bibos, f. pl., Bigorre (H.-Pyr.), c. p. M. P. Tarissan.
cuco, f., Aude, Laff.
glandon, glendon, giandla, lèndena, lendna, lindina, lendra, lindiri, linnina, giandine, gendna, jendna, gendan, gendam, genden, ghìggia, ghinnena, en div. dial. ital.
lendea, portug. — *liendre*, espagn.
niss, f., Davos (Grisons), Buhler.
hnitu, anc. angl., Cortelyou. — *nit*, angl. dial.
nüsse, f., *hauptnüsse*, f., allemand, Duez, 1664.
On trouvera d'autres noms gallo-romains du pou et de la lente dans Gilliéron et Edmont, *Atlas ling.*, fasc. 23, carte 1067, et fasc. 17, carte 757.

L'ensemble des poux et des lentes (et quelquefois aussi en plus, des puces et des punaises), est appelé :

vermyn, m., anc. fr. — *vermine*, f., franç. — « Se gratter ! mais c'est une félicité spéciale au mendiant et qui est interdite au riche ! Si le roi savait le plaisir qu'il y a à se gratter, il voudrait avoir *de la vermine!* » Tillier, *Œuvres*, 1846, II, 20.
pézoulhino, f., *péoulino*, f., *pévouino*, f., *poulharin*, m., *poulhèro*, f., en div. pat. du Midi.
mànjànço, f., prov., Pellas. — Aude. — *manjino*, f., Lot.
de la graine, franç., Oudin, 1681.
de la garnison, franç. popul.
le régiment de Pouilly, anc. argot, Fr. Michel, *L'argot*.

Toponomastique :

Terra Pendentis Pediculi, lat. du moy. âge, local. de la Beauce, *Annuaire d'Eure-et-Loir*, 1870, p. 39.
Macepediculum, lat. du xie s., *Macepédouil*, local. des B.-Pyr., Raymond. [Le mot *macepedouil* = amasse-pou.]

Maquepéjoul, La Pivoulière, Gard, Germer-Dur.

Matopézouls, nom d'un quartier de Narbonne.

Cachapeolh, doc. de 1412, *Cachepouil,* Dordogne, De Gourgues.

Vetus Pediculus, lat. de 1258, *Vielpol,* doc. de 1629, *Veaupoul,* doc. de 1507, *Vieux-Pou,* Yonne, Quentin.

Molendinus pedoilasus, lat. de 1116, *Molin Pesolhos,* doc. de 1394, *Moulin Pezouilloux,* loc. du Gard, Germer-Durand.

Fons Pediculosa, doc. de 1306, *Fons Pesolhesa,* doc. de 1306, *Font Peoulhoués,* doc. de 1613, *Font Pévouilloué,* doc. de 1745, *Font Pouilleuse* aujourd'hui, loc. des B.-du-Rh., Mortr. (Probablement parce que ceux qui boivent habituellement de l'eau de cette fontaine, s'affaiblissent, ce qui les rend susceptibles d'attraper des poux.)

Fons Peylhosa, lat. de 1340, *Font-Pouilleuse,* ruisseau des H.-Alpes, Roman.

Cacha-Pezoil, au xiiie s., *Cachepoux,* aujourdhui, H.-Loire.

La Pouillère, La Pouilleuse, Loire-Inf., Quilg.

La Fosse aux Poux, loc. de l'Eure, Blosseville.

Trotte-Poux, loc. du Calvados, Hippeau.

La Haye Tue-Pououl, doc. du xve s., *La Haie Tue-Poux,* loc. de la Seine-Inf., Robillard, *Arch. eccl. de la S.-Inf.,* 1866, I, 304.

La Fontaine Pouilleuse, lieudit en Seine-et-O., Bertrandy, *Brétigny-s.-O.,* 1885, I, 118.

La Champagne Pouilleuse, partie de la Champagne assez infertile.

Le Buisson-Croque-Poux, lieudit du Cambrésis, Boniface, 1866. (Ici le mot *croque-poux* signifie *groseille.* Voir ma *Flore pop.* à l'art. groseille.)

Le Pou Volant, autrefois la cinquième partie du Marché du Temple ; c'était un réceptacle de haillons, L. de Montchamp, *Bohémiennes de l'Amour,* 1862, p. 171. — Nom d'un hôtel garni à Paris, MAZEROLLE, *Misère de Paris*, 1875, p. 60.

Rue des Poux Volants, anc. nom d'une rue de Béthune appelée ainsi à cause de la saleté qui y régnait, BÉGHIN, *Rues de Béthune*, 1898, p. 73. — Anc. nom d'une rue de Saint-Pol (P.-de-C.), c. p. M. ED. EDMONT.

Bal du Pou Volant, certain bal de La Chapelle (Paris). DELAGNY, *Souteneurs*, 1861, p. 41.

Rue à Pois, rue de Tournai en 1227, HOCQUET, *Rues de Tournai*, 1899, p. 94.

Rue des Pezolhos, anc. rue à Nîmes, BESSOT, *Arch. de Nimes*, 1879.

ENSEIGNES :

Au Pou-Volant, nom d'une guinguette à Paris, CUISIN, *Cabarets de Paris*, 1821, p. 12. — anc. enseigne à Troyes, BABEAU, *Ens. de Troyes* (dans *Soc. acad. de l'Aube*, 1897, p. 76.) — cabaret à Tourcoing, *Le Brouetteux du 27 août 1882*.

ONOMASTIQUE :

Maupoil, Maupeou, Maupou, Maupioux, Maupu, Maupouillard, Du Pouil, Depoil, Pouillard, Polliart, Poilleux, Pouillaude, Peuillerat, noms de famille.

Thomas le Pou-ardent, surnom d'un individu en Champagne, au moyen â., *Mém. de la soc. d'agric. de la Marne*, 1895, p. 231.

Tuepois, nom de famille en 1300 à Tournai, HOCQUET, *Rues de Tournai*, 1899, p. 94.

Pélagaud, famille actuelle de Lyon.

Chassepoux, famille actuelle d'Indre-et-Loire.

Marcepoil, famille actuelle de Saint-Jean d'Herans (Isère).

Vilpou, Trois-Poux, familles actuelles de Loir-et-Cher.

« *Tuasse de pouil* = peau d'un pou mort. » franç., Duez, 1678. — « *tuace*, f., = même sens. » Rennes, Coulabin.

Le derrière de la tête qui est le domicile habituel des poux est appelé :

pézouliéy'ro, f., cévenol, Sauv., 1785.
péouyouo, f., Var, Mistr., II, 555.
poulière, f., Valenciennes, Héc.
pouyère, f., Allaines (Somme), Boulanger, *Monogr. d'A.*, 1903, p. 133.
pòyâte, f., Rémilly (Pays messin), r. p.
pâtis des petites bêtes, m., nom enfantin ou facétieux, Anderlues (Belg.), *Wallonia*, 1895, p. 73.
jardin des petites bêtes, m., Jodoigne (Belg.), *Wallonia*, 1895, p. 73.
jardin des poux, m., Nivelles (Belg.), *Wallonia*, 1895, p. 73.
weide aux pioux (= pré aux p.), m., Verviers (Belg.), *Wallonia*, 1895, p. 73.
champ de pouils, m., Besançon, *Mélusine*, I, 294.
poche à poux, f., Mons (Belg.), *Rev. d. tr. p.*, 1903, p. 478. — Nièvre, r. p.
castètt dets pouys, m., Arrens (H.-Pyr.), c. p. M. M. Camélat.

On appelle *maladie pédiculaire* une maladie qui fait que les poux se développent en quantités innombrables sur la tête non seulement d'enfants mais aussi de grandes personnes. — Cette maladie était appelée *fruriasis* au moy. â., selon Du C., III, 426. (C'est sans doute une corruption du grec *phtheiriasis*.)

« La poudre insecticide employée pour la destruction des poux, est appelée : *poulhàndrino*, f., *poudro dé capuchi*, f. » H.-Pyr., c. p. M. P. Tarissan.

Le pouce dont on se sert habituellement pour tuer les poux est appelé (1) :

ditt dél pézoul, m., *pézouyou*, m., *tuo-pézoul*, m., *mate-pëdoulh*, m., *croco-pézouls*, m., *cruco-pézouls*, m., *caouco-pézouls*, m., *cacho-pézou*, m., *trusso-barbotos*, m., *éskicho-barbàn*, m., en divers patois du midi.

marzollic al laou (= marteau des poux), breton, Le Pelletier, 1752, col. 583. — *ciacca-pidocchio*, Abruzze. — *matruca-piolhos*, portug. — *luseknipper*, Frise. — *lauschenknicker*, Prusse.

« *Croquer poulx* = écraser les poux avec les doigts. » *Dialogue des créatures*, 1482, 30e dialogue. (En écrasant un pou on fait un bruit qu'on peut interpréter par *crok!*)

On appelle celui qui a habituellement des poux et qui est misérable :

poeilleus, *poulheux*, *pouillard*, anc. franç.

pézoulhat, *pézoulhouss*, *poulhous*, *pouêlhu*, *poualhou*, *pouëyou*, *pouëyar*, *pouyar*, *poûyou*, *peûyeûy'*, *pëyou*, *pouyassiè*, *pouyasson*, *anpoujolé*, en divers patois.

mate-pedoulh, *croco-péou*, *cacho-léndé*, *boufo-léndé*, *tréysso-léndé*, *trisso-léndé*, *cracou*, en divers patois du midi.

loupel, *pégocieux*, argot, Lermina, 1897.

lauser, allemand.

Chercher et enlever les poux se dit :

espoueiller, *pouiller*, anc. franç.

éspédoulhà, *éspézouyà*, *éspézoulhà*, *espoulhà*, *pouêlhi*, *pulhë*, *pilhë*, *pioulé*, *pouyé*, en divers patois.

peûcîr, patois gaumais (Luxemb. mérid.), c. p. M. J. Feller.

---

(1) Ces noms se trouvent habituellement dans les formulettes enfantines où on énumère successivement les différents doigts.

« *Va të pulhë !* = va te promener, laisse-moi tranquille. » Albertville (Sav.), BRACHET.

On appelle une chose méprisable, un logis malpropre, une extrême avarice :

poulherie f., anc. fr., CHEVALET, *Vie de Saint-Christophle*, 1530.
poulerie, Valenciennes, HÉCART.
pouillerie (= avarice), f., fr., *La Contrelesine*, 1618, p. 13.
pidocchieria, italien. — *lauserey*, allem.

Un petit tailleur, ravaudeur des vieux vêtements qui souvent sont pleins de poux, est appelé ironiquement :

perce-poux, anc. fr., doc. de 1386, DU C., V, 213.
pique-pou, français, D***, *Colombine avocat*, comédie, 1785, acte I, sc. v. ; etc., etc.
traouque-pëdoulh, B.-Pyr., LESPY.
trique-pou, argot, BRUANT, 1901. (Selon LERMINA, 1897, le *trique-pou* est un coiffeur.)

« *Homé pélous es fourtunous quand non a ges de pevous* = homme poilu, barbu, a de la chance s'il n'a pas de poux. » Provence, XVIIe s., *Bugado pr.* — « *Barbe à poux* = grande barbe inculte. » Locution connue. — « *Tête à poux* = un breton. » argot, BRUANT, 1991. — « Ce vieux capitaine, ce nid à poux. » LARIVEY, *Comédies facétieuses*, 1601, p. 441. — « *Iann-laou* (= Jean aux poux) = homme malpropre. » breton, TROUDE.
« *Peste à poux* = injure à une femme. » *Suite de la gazette de Place Maubert*, 1649, p. 6.
« Soubz chevel roux souvent git un poux. » G. MEURIER, 1585. — « Ses cheveux roux servent de garenne à poux. » *Estreine de Pierrot à Margot*, 1614, p. 30.
« Rarement et peu souvent, Un vieil usurier sans argent, Une marchande sans larrons, Vieil grenier sans souris ou

ratons, Vieil bouc sans barbe, chevre sans toux, Teste teigneuse sans lendes ou poux. » G. MEURIER, 1582.

« Les maux des vieux : *fan gità de poux blancs* ou *venoun sens' anà guerre.* » Midi de la Fr., BERLUCUS, 1632, p. 390.

« *Pouillier* = maison misérable. » LA NOUE, *Dict. des rimes*, 1624, p. 261.

« *Un cabaret das très pézouls* = une misérable auberge. » cévenol, SAUV., 1785. — « Pedzouille = paysan. » argot, P. LECLAIR, *Hist. des brig. d'Orgères*, Chartres, an VIII. — « *Fils de pou* = injure. » BIBI TAPIN, *Bistrouille à l'armée du Salut*, s. d. (vers 1895).

« *Estrè à las léndés* = être dans la misère. » Languedoc, MISTR. — « *Praoube coume la leni* = pauvre comme la lente. » B.-Pyr., LESPY. — *Lé pézòul pày'ral* = la misère. » toulousain, VISNER. — « Ils avoient plus de poux que de deniers. » *Le magot génevois*, 1613, p. 67. — « Qui a des poux en sa chemise Il n'est pas tousjours à son ayse. » *Farce nouvelle des deux savetiers*, XVIe s. — « Ceux qui sont tousjours les mieux suivis sont les gueux, car ils ne cheminent jamais sans un escadron de poux, et des plus gros ; ils ont une avant-garde, arriere-garde, cornette, cavallerie et infanterie pour le champ de bataille ; il est d'ordinaire dans leur haut-de chausse, c'est le rendez-vous de toute la compagnie. » *Œuvres de Tabarin*, édit. D'Harmonville, 1850, p. 218.

« Les pauvres ne sont jamais moins seuls que lorsqu'ils sont seuls. » RAISONNABLE, *Harangues burlesques*, 1651, p. 183. — « Je porte tout sur moi de peur d'avoir faute de poux. » XVIIe s., BÉR. DE VERV., *Moy. de p.*, éd. Roy., I, 167.

« Il y a quatre nations au monde anagogiques aux quatre mendiants de l'hôpital qui sont *poux, puces, morpions, punaises.* » XVIIe s., BÉR. DE VERV., *Moy. de p.*, éd. Roy., II, 116.

« *Pouil affamé* = misérable mourant de faim. » franç., DUEZ, 1678. — « Plus vuides que poux affamés. » *Harangue en proverbes*, 1652, p. 8. — *Un pou affamé* = un gueux à qui on a donné un emploi lucratif, dans lequel il veut s'enrichir en peu de temps. » FUR., 1708.

« Que feroys tu sans moy, coquin, les poux te mangeroient. » LARIVEY, *Comédies facét.*, 1601, p. 548.

« Le Wallon : *va donc, tête carrée !* — Le Flamand : *toi, tu n'as pas la tête carrée, les petites bêtes ont mangé les coins !* » *Wallonia*, 1907, p. 289.

« Il ne faut pas semer les poux en vieille pelice. » MEURIER, 1583. — « Il n'y a pas de vieil accoutrement sans poux. » G. MEURIER, *Similitudes*, 1583, p. 78.

« Vous avez un manteau de vieille panne, si raze qu'à peine un pou ferré à glace y pourroit il grimper. » *Plaisant entretien du sieur Rodrigues*, 1649, p. 4.

« *Le vin s' t' année-chy fet engendrer les poux* = réponse de celui qui n'a pas le sou et à qui on demande s'il boit du vin. » Rouen, XVIIe s., *La Muse normande*, éd. Héron, 1893, IV, 386.

« Si j'avais un coffin Des poulx qu'aves mys à mort, Yl en seroyt plain jusqu'au bort Et fut il grand comme un boysseau. *On s'adresse à un fanfaron méprisable.* » XVIe s., *Farce joyeuse à 2 personnages*, réimpr. Techener, p. 3.

« De maigre poille par nature Plus male d'autre est la morsure. » anc. fr., GOD. — « De maigre pouil aspre morsure. » anc. fr., LANGLOIS. — « C'est le plus maigre pou qui mord le plus fort. » Belg. wall., *Dict. des spots.* — Sur ce proverbe, voyez VOIGT, p. 114 en note.

« C'est pitié que la guerre, On n'en rapporte que poux et misère. » LAGNIET, 1657.

« Il écorcheroit un pou pour en avoir la peau = c'est un avare. » RICHELET, 1710. — « Il tuerait un pou pour en tanner la peau. » Belg. wall., *Dict. d. spots.* — « Il tuerait un pou pour en avoir la graisse. » Templeuve (Nord), Bonnier. — Il tuerait un pou pour s'en faire des chaussons. » Wasmes (Belg.), *Le Farceur du 4 janv.* 1903. — « Escorcher les lendes de la teste pour en avoir la peau. » *Fameuse compagnie de la lesine*, 1618, p. 9. — « Ils escorcheroient un poux pour se prévaloir de la peau. » Allard, 1605, f[et] 266. — « *Cacho-pesou* = avare. » Provence.

« Se jeter sur une chose comme un pou sur une gale. » Paris, r. p. — « Comme la teigne chasse les poux = *ironique.* » xvie s., *Hist. macar. de Merl. Cocc.*, éd. Jac., p. 194.

« *Couflé commo un pézoul* = gonfle, qui a le ventre tendu, au figuré, bouffi d'orgueil. » cévenol, Sauv., 1785.

« *Y aourias cachà un pézou su l'embourigo* = tu lui aurais écrasé un pou sur le nombril, tant son ventre était plein et dur, tant il était rassasié. » Provence, Mistral, I, 867.

« Ils se sont tant gonflés de manger qu'on tuerait un pouille sur leur peau. » Besançon, texte du xviiie s., *Soc. d'émul. du Doubs*, 1900, p. 424. — « *An lì tuerout in pû su s' panse* = on lui tuerait un pou sur le ventre. » Luxemb. mérid., c. p. M. J. Feller.

« Georgi l'énflé qué lis pézous lou crébèroun. » Provence, Mistr. — « Ambitieux comme un pou. » Saint-Martin de S. (Calvad.), *Rev. des parl. norm.*, 1899, p. 234.

« *Escarrabilhà couma un léndé* = dégourdi comme un pou. » Hérault, Langlade, *Garda-mas*, 1878, p. 19. — « Il est plus fier qu'un pou sur la tête du pape. » Spitzmuller, *Le crime du procureur*, 1907. — « Se quarrer comme un pou sur un tignon. » *Rec. de pièces paru en 1649*, p. 550. — « Se carrer comme un pou sur une rogne. » xviie s., Cyr. de Berg., éd. Jac., p. 254. — « Se piaffer ainsi qu'un poux sur un teignon. » *Farce des courtisans de Pluton*, 1649, p. 9. — « Se redresser comme un pou sur un molan. » vaudois, GRANGIER. — « Se redresser comme un pou à cheval. » Orne, r. p. — « Caminabo rette coumo un pousouil sus u pa caout (*sur un pain chaud*). » Ariège, *Alman. pat. de l'Arièjo*, 1895, p. 46.

« *Pouaillou r'vi* = *pou revif*, c.-à-d. ressuscité, au figuré celui qui, après avoir été dans l'infortune, sort d'embarras et fait l'arrogant. » Les Fourgs (Doubs), TISSOT, *Les mœurs*, 1873, p. 164. — « *Non l'y a talo mourdaduro que d'un pevouil revengut*, il n'y a telle morsure que celle d'un pou revenu (1). » Provence, XVIIe s., *Bugado pr*. — « Siés toujiou maoutratà da un péouy révéngu. » Nice, TOSELLI.

« Ourgueious coume un pesou révléoudà. » Provence, *Arm. prouv.*, 1903, p. 19.

« *Pézoul révéngul* = un parvenu. » Languedoc. — « Lé pézoul rébéngutt Doun la coudéno putt. » Toulouse, VISNER. — « *Pedoulh arrabestit* = pou revêtu, un parvenu qui fait de l'embarras. » B.-Pyr., LESPY. — « *Poulh arrébiscoulat* = parvenu prétentieux. » Argelès (H.-P.), c. p. M. P. TARISSAN.

« *Fà pézoulhet* = contester opiniâtrement, être tenace. » toulousain, VISNER.

« C'était une grande jument méchante comme un pou. » MORISSEAUX, *Hist. de Ledoux*, Liège, 1906.

« Laid comme un pou. » locut. connue. — « Laid coumé un pézou d'Aouvergno. » Provence, MISTR. — « Il est vilain comme un pou qui renifle. » Lyon, *Journal de Guignol du 23 oct. 1887*.

« *Véziat coumo un pézoul dé viéyo* = délicat comme un pou de vieille. » Alais, HAON.

« *Piétré et tristé coumo uno léndé* = triste et défait à l'excès. » Villefranche-de-R. (Aveyr.), BESSOU, p. 192.

---

(1) Selon SAUVAGES, 1785, *revengut* = revenu, est un terme de cuisine ayant le sens de *refail, blanchi*.

« *Faignant comme un pou* = paresseux. » Marne, JANEL. — « Leste coum un pedoulh dans lou gouidroun = *ironique.* La Teste (Gir.), MOUREAU.

« Court pertout coumé un léndé, *ironique.* » Provence, MISTR. — « S'escaoufo coumé un léndé, *ironique.* » Prov., MISTR.

« Il est vif comme un pou dans le papin. » Tourcoing, *Le Broutteux du 27 mai 1883.*

« Il est de la race des poux; il faut le *crotchi* (écraser) pour qu'il meure. » Tourcoing, *Le Broutteux du 27 mai 1883.*

« Il giocar di mani dispiace infino ai pidocchi = *jeu de main, jeu de vilain.* » Proverbe ital.

« Compere de la pouille Couste et despouille. » G. MEURIER, 1582. — « Avec les gueux, on ne gagne que des poux », proverbe provençal.

« Lou qué fougno Fo la mougno et resto soul coum' un pézoulh. » Gard, c. p., M. P. FESQUET.

« *Fày'ré lou tour doou guss* = se frotter le dos, par le mouvement des épaules, comme les gueux qui ont des poux. » Provence, MISTR.

« *Tri-à lis léndés én quaoucun* = se défendre habilement contre quelqu'un, discuter vigoureusement sa cause. » Provence, MISTR.

« *Vin qu'espoousso lis léndés* = vin qui ferait danser les chèvres. » Provence, MISTR.

« *Méssourguié coumé un léndé* = très menteur. » Provence, MISTR.

« *Lis léndés y anavoun* = le sang lui bouillonnait. » Provence, MISTR.

« *La pézouyouso* = danse où l'on se dépouille de ses habits l'un après l'autre. » Provence, MISTRAL, II, 555.

« Remuer les babines comme un singe qui cerche poux en teste. » COTGR., 1650.

« *S'emmerder comme un pou dans un baril de goudron* =

s'ennuyer beaucoup. » CIGNEROL, *Notes d'un bordachien*, s. d. (vers 1890), p. 269.

« *Hicà-s pedoulhs darréou cap* = se mettre des poux derrière la tête, se créer des inquiétudes, des embarras à soi-même. » B.-Pyr., LESPY.

« *Chercher les poux parmi la paille* = s'attacher à des riens, chercher la petite bête, chercher noise pour des riens. » Lyon au XVIIe s., *Revue lyonnaise*, 1884, p. 501; Genève, HUMBERT. — « Chercher à quelqu'un des poux à la tête. » Locut. connue. — « Trià léy léndé én caouqu'un. » Provence, AVRIL.

« *Dire des pouilles à quelqu'un* = lui faire des reproches, l'injurier. » SCARRON, *Aeneide travestie*, 1649, IV, 64. — « *Chanter pouilles à quelqu'un* = même sens. » *Bigarrures du seigneur des Accords*, 1608; etc., etc. — « *Pouiller quelqu'un* = même sens. » XVIIe s., CH. CONSTANT, *Mém. de Nic. Goulas*, 1879, I, 101. — « *Poulhà* = même sens. » Limousin, *Lemouzi*, 1899, p. 1. — « Il la renvoye avec mille pouilles à la bouche. » *Discours estrange d'une femme envers ses enfants*, Paris, 1608, p. 11. — « Il dit mille pouilles avec colère. » D'AVEROULT, *Fleurs des exemples*, 1649, p. 478. — « Elle mendiait sa faveur les pouilles en la bouche = *elle demandait en menaçant.* » NOUGUIER, *Œuvres burlesques*, 1650, p. 44.

« *Boutarié pas la man au sen per un pévou* = il ne mettrait pas la main au sein pour un pou; il ne se dérange pas pour de petites choses (1). » Provence, XVIIe s., *Bugado prov.* — « Ne hique pas le man aou cap per un pedoulh. » Landes, FOIX, 1902, p. 73; B.-Pyr., LARROQUE, *Arr.*, 1897.

« *Nou t' bederas pas lou pedoulh darrè l'aourelhe* = tu ne te ver-

(1) Ce proverbe est commun dans le midi de la France sous des formes très voisines.

ras pas le pou derrière l'oreille ; tu veux, en vain, une chose impossible. » B.-Pyr., LESPY.

« Celui qui a des poux n'a qu'à se gratter. » Templeuve (Nord), BONNIER.

« *N'es pas ré dé tuià lous pézouls, s'oun non dosto lou grou* = ce n'est rien de tuer les poux, si on n'ôte (détruit) pas les germes. » cévenol, SAUV., 1785.

« L'argent fait l'argent, les pouils font les lants. » Env. de Belfort, LIBLIN.

« Il n'a point de poux, il n'a que des lates (*lendes*). » Prov., Mouzon (Ardennes), GOFFART, *Gloss. mouz., 1900.*

« On dit aux enfants que s'ils ne se laissent pas épouiller, les poux tresseront, avec leurs cheveux, des cordes aux moyens desquelles ils l'entraîneront dans la mer en les faisant passer par le trou de la serrure. » Marseille, RÉGIS DE LA COL., 1868, p. 138. — « Véné, mignot, qué té pénchinè (*peigne*); qué déjà lis barbans fan uno cordo émé tous péous ; é' m' aco, la cordo facho, té péou-tira-ran aou Rosé (*Rhône*). » *Armana prouvençau,* 1890, p. 91. — Partout on leur dit que les poux les traîneront ainsi, soit dans la mer, soit dans la rivière, soit dans la mare, soit dans le puits. — « Les poux feront des cordes avec tes cheveux au moyen desquelles le diable te tirera en enfer. » Clerval (Doubs), r. p. — Voir DU MOLINET, *Facecieux devis.* s. d. (vers 1615), p. 239.

« *Le loup est au bois* se dit aux enfants chez lesquels on trouve un pou. » DUEZ, 1678. — « Avoir une garnison dans ses chausses = *avoir des poux.* » DUEZ, 1678. — « *A la pouncha d'ei fiéyrar lou gros bestiar* = en tête du champ de foire le gros bétail. Se dit à un enfant qui a un pou au bout des cheveux. » Bas Limousin, CHAMPEVAL.

« On demande aux enfants qui ont des poux s'ils veulent qu'on tire le *père aux poueils...* Lorsqu'ils se grattent, on leur dit qu'ils mettent leurs dix chiens dans leur garenne après les lapins qui y sont. » Deux-Sèvres, Souché, Prov. — « On dit à un enfant qui se gratte la tête : *tu les changes de parc.* » E.-et-L., Marne, Bretagne.

« *Louse-kiver* = gardien des poux, c'est-à-dire un chapeau. » *Worcestersh. Words*, 1894.

Tu as peur d'enrhumer tes poux, se dit à un enfant qui ne se découvre pas pour saluer. — *Tes poux vont s'envoler*, se dit à un enfant qui va tête nue dans les champs ou les rues.

« *Il n'a plus de cheveux, mais il a encore des poux*, se dit, par plaisanterie, d'un enfant qui vient de se faire tondre ras. » Belg. wall., *Rev. du traditionn.*, 1908, p. 47.

« Être comme un pou entre deux ongles = *entre deux feux, deux dangers, entre l'enclume et le marteau.* » Belg. wall., *Dict. des spots.*

« Quand le malheur le veut un pou étranglerait un âne. » H.-Pyr., Bourdette, *Prov. du Labéda*, 1893.

« Les poux sont les Allemans qui mordent et mangent et se laissent assommer ainsi que les Suisses sans s'avancer. » xviie s., Bér. de Verv., *Moy. de p.*, éd. Roy., II, 116.

« Puces et poulz les corps morts abandonnent, Comme privez de vitalle substance; Semblablement les flateurs s'adonnent Fors qu'à ceux-là qui remplissent la pance. » La Perrière, *Théâtre des bons engins*, 1539.

« Les chemins estoient grouillants de monde comme les poux sur le tignon de notre fieux Piarrot. » *Rec. de pièces parues en 1649*, p. 547.

« Avec quatre doigts et le pouce comme un hermite qui cherche des poux en la teste de sa chambrière. » xviie s., Bér. de Verv., *Moy. de parv.*, éd. Roy., I, 212. — « Ich habe es im Griff, wie der Betler die Laus = je le trouve à tâtons comme le mendiant le pou. » Loc. allem., Poëtevin, *Dict. allem. franç.*, 1754.

« Je lève mon bâton et je lui aurais fait craquer les poux

avec leurs œufs si.... » Limousin, BOMBAL, *Conte de Champalibau*, 1893, p. 43.

« Bouon jour et bouno anado Embé pesouls à pougnado = *souhait facétieux de nouvel an.* » Provence, FRANCUS, *Voy. fantast.*, 1895, II, 50.

« *Dièou n'oblido jamaï lous séous, Tiro la galo, bày'lo un péou* = Dieu n'oublie jamais les siens, il retire la gale et donne un pou à la place. On ne fait que changer d'épreuves sur cette terre. » Bas Limousin, J. ROUX.

« *Les lentiers de Saint-Séver*, sobriquet des habitants de Saint-Sever (Calvados). Ils passaient autrefois pour des petits maîtres ayant les cheveux liés et poudrés à frimas. C'était pour cacher leurs *lentes*, disaient les villages voisins. » Bocage normand, LECŒUR.

Tuo-capéràs = sobriquet des gens de Lussagnet (B.-Pyr.).

« Habillé de rouge comme les poux de Juillers. » DESLAURIERS, *Nouv. imagin. de Bruscamb.*, 1615, p. 25.

Rêver de poux est signe qne l'on va recevoir de l'argent, se dit généralement partout; cependant en quelques endroits on dit que *c'est signe de misère.* — « Si vous trouvez sur votre tête un pou rouge, vous avez la certitude de vivre au moins sept ans. » Belg. wall., *Wallonia*, 1908, p. 53.

« Les villageois s'imaginent que les gouttes de rosée sont des poux d'argent tombés au matin de la tête du soleil qui se peigne. » XVIIe s., CYR. DE BERG., *Moy. de parv.*, éd. Jac., p. 15.

« Les poux abandonnent les filles dès que les règles apparaissent. » Belg. wall., *Rev. du Traditionn.*, 1906, p. 203.

On raconte partout que quand les enfants ont des poux, c'est signe qu'ils se portent bien. *Les poux, c'est la santé*, dit-on. — « Quand un enfant est malingre, c'est qu'il n'a pas de poux; on en prend sur la tête des autres enfants et on les lui met dans les cheveux. » Nièvre, r. p.

« Si un enfant n'a pas de poux, craignez de le perdre, car, au lieu de rester sur sa tête, ces insectes ont fait une trouée dans sa chair et menacent de descendre jusqu'à son cœur. » Basse-Bretagne, SAUVÉ (dans *Mélusine*, III, 375.)

En Basse-Bretagne, dans la maladie appelée *la gourme* ou *la toque*, espèce d'impétigo, les paysans introduisent artificiellement des poux sur la plaie qu'ils recouvrent ensuite de plusieurs béguins. Voy. *Soc. academ. de Brest*, 1882-83, p. 115-117.

« Contre la jaunisse, il faut avaler une grillade de poux. » Ardèche. H. FOURNIER, *Lettres sur les erreurs médicales*, 1833, p. 19. — « Contre la jaunisse, on fait avaler, au malade, une bouchée de pain dans laquelle on a mis 3 poux. » Pont-de-Montvert (Gard), RÉGUIS, *Mat. médic.*, p. 32. — « Avalés au nombre de 3, 7 ou 9, les poux de corps guérissent la jaunisse. » Normandie, *Rev. hist. d. cinq dép. de Norm.*, 1837, p. 100.

Pour une formulette que l'on récite en épouillant les enfants, voyez *Mélusine*, I, 343.

« Cinq poux vivants, mis dans un jaune d'œuf, avalés par celui qui a une fluxion de poitrine, le font cracher abondamment et il guérit. » Sarthe, *Rev. d. tr. p.*, 1905, p. 33. — « Neuf poux avalés à jeun, pendant neuf jours, guérissent la jaunisse. » Bayeux, PLUQUET, *Contes de Bay.*, 1834, p. 44.

« Prens de troys pesouls la touyson. » Remède proposé facétieusement, anc. fr., *Bull. hist. et philol.*, 1896, p. 717.

« J'estime qu'il n'y a rien de plus pectoral qu'une bourse pleine de pistolles pendue au col, outre la propriété qu'elle a de chasser les poux du corps. » DRACHIR D'AMORNY, *Le carabinage*, 1616, p. 49.

« On fait mourir les poux et autres vermines en se frottant d'eau de puits ou de fontaine sous les aisselles et en récitant certaines parolles. » THIERS, *Tr. des sup.*, 1697, I, 157.

« Pour se débarrasser des poux que vous envoient les sorciers, il faut prendre, sur votre tête, un de ces poux et, avec une petite aiguille, le piquer vivant dans la cheminée : aussitôt tous les poux qui pullulent sur votre corps disparaîtront. » Ardennes, Meyrac, p. 180. (Voyez p. 207 dans le même auteur, l'histoire d'une sorcière qui transmet ses poux et qui plus tard est forcée de les reprendre.)

« Les sorciers envoient des poux à qui ils en veulent. Pour s'en défaire il faut prendre une douzaine de ces poux, les percer d'une aiguille et les faire brûler lentement au feu. Le sorcier en souffrira tellement qu'il les fera disparaître. » Maine-et-L., *Rev. d. tr. p.*, 1906, p. 307.

« Refusez l'aumône à un mendiant, il vous lance un mauvais regard à la suite duquel vous aurez des poux. » Loire, *Rev. foréz.*, 1867, p. 177. Cf. Monseur, *Folkl. w.*, p. 87; *Rev. d. tr. p.*, 1904, p. 406.

« Jésus-Christ ayant rencontré un fainéant couché le long d'une haie ramassa de la poussière et la lui jeta. Cette poussière se changea en pou. « Tu auras, dit le Seigneur, désormais de quoi t'occuper ! » Lavenot, *Contes de Vannes*, 1895, p. 11.

Sur la version de Cendrillon faisant pétiller du sel dans le feu et disant que ce sont *ses poux*, voy. *Mélusine*, III, 404.

Sur la femme qui se dispute avec son mari qui la jette dans le puits où elle fait le geste de tuer des poux, voyez : *Dialogue des creatures*, 1482, 30e dialogue; *Wallonia*, 1907, p. 178.

« Une vieille entra un jour dans une danse de Korrigans et y dansa bien. Le chef korrigan lui dit : *pour récompense, quand tu te peigneras, il tombera de tes cheveux des louis d'or au lieu de poux.* » B. Bret., *Rev. d. tr. p.*, 1906, p. 11.

« Ces seigneurs avoyent esté autrefois sous la conduicte du

capitaine Ragot, en la deffaicte des poulx. » HORRY, *Rabelais ressuscité*, 1611, p. 2.

« Baisez-moi, Jean, je vous tueray des poux, Baisez-moi bien, je les tuerai trestous. » *Non le tresor mais la fleur des chansons*, 1602, p. 327. — « Baisez-moi, gendarme, je vous tuerai des poux. » LAGNIET, 1657.

Devinettes. « In densis sylvis venor bis quinque catellis; Quod capio, perdo; quod non capio, mihi servo. » *Carm. proverb. loci communes*, 1670, p. 3. — « Cinq chiens accouplez je meine à la chasse, Suivant mon gibier, sans sentier ou trace. Tout ce que je prens soudain je l'occy; Ce que je ne prens me demeure aussy; Tant moins j'en trouve, plus grande est ma joye. Quels sont donc mes chiens, mon bois et ma proye ? » AL. SYLVAIN, *Aenigmes françoises*, 1582, f^et 22, r^o. — « Je vais à la chasse dans un bois, si je *le* trouve je *le* tuerai, si je ne *le* trouve pas, je *le* rapporterai. » Belg. wall., *Wallonia*, 1896, p. 63. — « Qu'est-ce qu'on pourchasse à prendre; l'ayant pris on n'en tient conte et si on ne peut le trouver, on l'emporte avec soy ? » *Questions énigmatiques récréatives*, 1574, p. 15. — « Une terrasse où se promènent des lapins que les chasseurs tuent tous les matins. » Gironde, MENSIGNAC, 1888. — « *Deux qui couroient et dix qui les chassoient, deux qui les regardent et un qui leur fait la moe* = deux poux ou sain d'eune personne et les deux yeux les regardent et les dix dois qui les chassent et cellui qui les tue leur fait la moe. » *Adevineaux amoureux*, Bruges, s. d. (fin du XVe s.)

« Tel n'a chair ne os ne vesture Met cent bestes hors de pature ? — *Le pigne.* » *Questions énigmatiques récréat.*, 1574, p. 33.

« Il n'est pas plus grant que le pied d'une mulle Et si en enchasse l'en cent bestes hors de leur pasture. *Le pigne.* » *Advineaux amoureux,* fin du xve s. — « Quel est l'animal le plus hardy ? c'est le pou, cet animal est si genereux qu'il ne craindra pas d'attaquer un gros gueux de l'escole Saint-Germain et de le prendre au collet. » *Œuvres de Tabarin,* éd. D'Harm., 1850, p. 241. — « Quel est l'animal le plus ingrat ? c'est le pou, parce que plus vous le nourrissez, plus il vous pique et vous fait du mal. » *Œuvres de Tabar.*, éd. D'Harm., p. 207.

« Je ne sais pas *ogni* (mordre) avec mes dents et des fois je fais la chasse mieux qu'avec un fusil = le peigne à poux. » Tourcoing, *Le Broutteux du 22 févr. 1885.*

Voyez pour d'autres devinettes relatives aux poux : E. ROLLAND, *Devinettes,* 1877, p. XI et p. 41.

Jeu. — « Jeu de croquepoux = jeu de balle à la muraille. Il faut que chaque joueur chasse trois fois de suite la balle contre la muraille, avec la main, et qu'il la reçoive sur la tête autant de fois; celui qui reste le dernier expose sa main contre le mur, aux coups de balle de ses compagnons qui la lancent chacun trois fois. » Valenciennes, HÉCART.

Pediculus vestimenti (NITSCH.)

pou blanc, pou des malades, pou de corps, pou à soldat, français.

pou de meunier, Centre, JAUBERT.

péou dé paouré, provençal, MISTR.

pou de Flandre, franç., THOMASSIN, *Regrets facét.*, 1632, p. 19.

poulh sératt (= pou sellé ; il a une tache noire sur le dos), m., Bigorre, c. p. M. TARISSAN.

pou de hâr (= pou de hardes), m., wallon, REMACLE, *Dict.*, II, 444. (c. p. M. J. FELLER.)

caféli˜, m., argot provenç., MISTR.
grain de blé, argot parisien.

Pediculus pubis. — LE MORPION.

pediculus inguinalis, pediculus ferus, pediculus scorpio, morpio, plactula, pessolata, anc. nomencl., NEMNICH.
péou court, m., provenç., ACHARD, 1785.
péyon, m., wallon, GRANDG.
mouarpéyon, m., wallon, DEFR.
morpion, m., franç., BRAILLET, *Abus des médecins,* 1558, réimpr. Dorveaux, 1906, p. 30; etc., etc.
morpiéno, m., Marseille, V. GELU, *Œuvres compl.*, I, 38.
moupia, m., Palaiseau (S.-et-O.), r. p.
arpi, m., B.-Pyr., LESPY.
morpèk, morbak, morbèk, morbik, morcon, loubak, millepattes, mie de pain en marche, mie de pain à roulettes, papillon d'amour, argot.
la barrou, Arrens (H.-Pyr.).
morbal, m., argot lyonnais.
pato, f., *mourpién,* m., *mourpiéou,* m., provençal, MISTR.
rapatu, argot de 1836, SAINÉAN, 1907, p. 257.
scroupion, m., Hérémence (Valois), LAVALL.
coupion, m., Savoie, FEN.
moûnî (= meunier), m., wallon, DEFR.
puce-musnière des Hostels-Dieu, franç., ALLARD, 1605, f[et] 115, v[o].
pou de l'Hostel-Dieu, m., franç., THOMASSIN, *Regrets facét.*, 1632, p. 19.
piéouvre, Biarritz, DUCÉRÉ.
pou espagnol, m., franç., *Confession du sieur de Sancy,* 1660.
crabo, f., Saint-Girons (Ariège), r. p. — *cabro,* f., languedoc.
piatélàn, m., *morpiàn,* m., mentonais, ANDR.
pessolate, f., anc. fr., doc. de 1495, GOD.
gripon, m., Maine-et-Loire, VERRIER.

laou faraon (= pou de Pharaon), breton, LE PELLETIER, 1752, col. 513.

piattola, piatula, piattone, chiatello, ciattella, chiattidda, en div. dial. ital. — *raspule, tavaràsce,* Frioul. — *ladilla,* espagn. — *piolho ladro,* portug.

plattlaus, filzlaus, allem.

crabbe lyce, angl. de 1547, MURR. — *crab, peirt-louse,* angl., MERRETT, 1667, p. 202. — *crab-louse,* angl. — *kertie, kartie,* écossais.

platti tschuw, tsigane, LIEBICH.

Toponomastique : Le Pelcourt, quartier actuel d'Aix-en-Provence.

« *Vieille forest de morpions* = injure à une vieille femme. » CADET ANGOULEVENT, *Satyres bastardes,* 1615, p. 53.

« Les morpions sont les Espagnols qui se sapent ès places si bien que si on les peut ôter c'est pièce à pièce. » XVIIe s., BÉR. DE VERV., *Moy. de p.*, éd. Roy., II, 116.

« Le coq tue le morpion plustost qu'argenton vivum (1). » LE BON, 1557.

« *Morpionneu* = injure. » *La Contrelesine,* 1618, p. 13. — « Le prince de Gratelles et le vicomte de Morpiaille. » RABELAIS, *Gargantua.* — « *petit morpion* = injure à un enfant. » locut. connue. — « *Mouss'pion,* m. = gamin, moutard, polisson. » Vendômois, MARTELL. — « *Péoulh court* = injure. » LA TOUR-K., p. 111.

« Il est fier *ou* il se redresse comme un morpion sur les c.... d'un garde-champêtre. » Aisne, c. p. M. L.-B. RIOMET.

« *Morpion* = très petit clou à l'usage des cordonniers. » P.-de-C., c. p. M. ED. EDMONT.

---

(1) Onguent gris d'aujourd'hui. Littéral. *vif argent,* c.-à-d. *mercure.*

Pulex irritans (LINNÉ). — **LA PUCE.**

(Voy. *Faune popul.*, t. III, p. 257.)

pulex, pulix, pollix, lat. du m. â., GOETZ.
trinua, l. du m. â., DU C.
pouluk, f., Lectoure (Gers), DURRIEUX, p. 176.
puke, putÿo, pë~thë (avec *th* angl.), *pëthe, puthe, pudze, plûdze, pouüzde, putss, pioutss, pi-oudé, piéoudé, pouzë, puze, puzi, piaouze, piôza, piouzo, piôzé, piouzé, piouze, pioze, puthe* (avec *th* angl.), *pugi, puge, puche, pouça, pouce, pice*, en divers patois. (Tous ces noms sont féminins.)
puçon, m., Saint-Martin-du-P. (Nièvre), r. p.
puceron, m., Senlis (Oise), r. p.
pucètte, f., Pissy-Poville (S.-Inf.), r. p. — Chenay (Marne), c. p. M. E. MAUSSENET.
négro, nièy'ro, niéro, néy'ro, nèro, nîro, en divers patois du Midi.
négresse, f., *sauteuse*, f., *piquante*, f., *sanguine*, f., argot, G. MACÉ, *Lundis en pris.*, 1889, p. 251.
sauterelle, f., *piquantine*, f., argot, LERMINA, 1897.
suceuse, f., jargon de Razey près Xertigny (Vosges), r. p.
demoiselle, f., *picoteuse*, f., argot parisien, r. p.
pluga, Parme. — *saltarela*, argot de Parme. — *pülesch, pülsch*, romanche.
flöggi, flöndli, Suisse all., STAUB.
schoger-heime, schoger, argot all., KLUGE.
flea, loppe, anc. angl., COURTELYOU. — *lopp*, angl. dialect.
poschumm, tsigane, LIEBICH.

TOPONOMASTIQUE :

Les Puces, local. de l'Yonne, QUANTIN.
La Puce, loc. d'Indre-et-Loire, CARRÉ.
Le Trou aux Puces, souterrain à Rémilly (Ardennes), MEYRAC, *Villes des Ardennes*, 1898, p. 426.

Villa Pulziaca en lat. de 987, *Poziciacus* en lat. de 1108, *Poinçay* en 1300, *Piozay* aujourd'hui, loc. des Deux-Sèvres, LEDAIN.
Le Ravin des Puces, Le Puchava, lieux-dits du Cambrésis, BONIFACE, 1866, p. 248.
Rue de Picque-Puce, anc. rue de Paris dans le quartier de la Porte-Baudets, A. BONNARDOT, *Rues de Paris,* 1876, p. 21. (Ce n'est pas la *Rue Picpus* d'aujourd'hui.)
Rue de la Petite Pusse, anc. rue de Paris, A. BONNARDOT, *Rues de Paris,* 1876, p. 21.
Marché aux Puces, noms populaires de marchés où l'on vend de la vieille ferraille, des guenilles, etc., à Montreuil (Seine), Brest, Orléans, Clermont-Ferrand, Besançon, Boulogne-sur-M., Verviers.

Celui qui a ordinairement des puces est appelé :

pucetiё, Le Coglais (I.-et-V.), DAGNET.
puçou, m., Côte-d'Or, r. p.
piôzou, Montluçon (Allier), DUPUIS.
espulgar, anc. prov., RAYN.
espourgat, env. de Béziers, J. LAURÈS, *Lou campestre,* 1878, p. 280. (Par suite on appelle ainsi *un mendiant.*)
espiéougatt, langued., MISTRAL. (Par suite *un mendiant.*)

Chercher les puces, faire la chasse aux puces, se dit :

éspourgà, env. de Béziers, J. LAURÈS, *Lou campestre,* 1878, p. 280.
espugà, pulgà, gascon.
espougà, Aveyron, MISTR.
espuceter, fr. du XVIe s., *Hist. macar. de Merl. Cocc.,* éd. Jac., p. 108. — *épuceter,* Rennes, COUL.
épucé, éy'puzà, éy'piéouzà, déspiéouzà, épiozà, épudjé, ennégrà, ésniérà, désniéy'rà, en divers patois.

Une piqûre de puce est appelée :

piouzado, f., toulousain, VISNER.
puçade, f., B.-Pyr., LESPY.

Un lit est appelé :

pucier, m., argot lyonnais, *La marionnette*, Lyon, 1867, n° 17, p. 2; *Le régiment illustré du 31 oct. 1896.*
boîte à puces, f., argot, BRUANT, 1901.

« *Le marchand de puces* = le préposé aux lits militaires. » L. MERLIN, *Langue des troupiers*, 1888.
« *Marchand de puces* = tenancier d'un hôtel meublé de bas étage. » CAHU, *Régiment des hommes à poil*, s. d. (vers 1890), p. 163.
« *Noyeur de puces* = blanchisseur, au régiment. » *Le régiment illustré du 26 mai 1897*, p. 7.
« *Puces de Citiaulx* = puces énormes comme en doivent avoir les moines de Cîteaux, plaisanterie » XIVe s., Eust. DESCHAMPS, VII, 88.
« *Poche aux puces* = fente sur le côté dans la robe des femmes. » M.-et-L., VERRIER.
« On appelle *pistolet* un chiffon de laine blanche qu'on se place sur la poitrine. Les puces s'y réfugient et on les y prend. Les marchandes le vendent dans la rue en criant : *quau crompa un pistoulet Que cassa soulet?* (= qui achète un pistolet qui chasse tout seul?) ou bien : *quau a la niéira, qué iéou aï lou pistoulet* (= qui a la puce? moi j'ai le pistolet) ». Montpellier, MARSAL, *Dins las carrieiras*, 1896, p. 345. — « Sabès coume fan li femo pèr aganta si niero? Prenon un tros de mouletoun, qu'à Marsiho nou-mon *gàngui*, en Arle *pistoulet*, dins d'àutri païs *passo-pertout*, e se lou permenon, tout douçamenet, entre la car e la camiso. » *Armana prouvençau*, 1872, p. 85. —

« *Casso-nièy'ros*, m., = morceau de laine pour prendre les puces. » Languedoc, MISTR. — « *Passò*, m. = m. sens », provenç., MISTR.

« *Fayré l'escoto* = terme de capucins, tuer les puces ou les poux dans un appartement destiné à cet usage et appelé *la chambre de l'escote.* » J.-J. BONNET cité par MISTRAL, I, 996.

« *Piège à puces* = injure. » *Paris la nuit*, journal, 1891, p. 599.

« Il ne restait pas de liquide de quoi noyer une puce. » MARVILLE, *Autour de la gamelle*, s. d. (vers 1900), p. 107.

« *Escoupi-s aous dits ta gahà puss* = il mouille ses doigts pour prendre les puces, il ne néglige rien pour arriver à ses fins. » Béarn, MISTR., I, p. 1010.

« *Rén dé coucho qué quand préndrés dé nièros* = ne te presse en rien, si ce n'est pour prendre les puces. » Provence, MISTRAL.

« *Herrà puces* = ferrer des puces, faire une chose impossible. » B.-Pyr., LESPY.

« *Ma gniéyro* = ma puce, terme d'amitié très employé, » Languedoc, D'HOMBRES.

« *Pucette* = espèce de petit clou. » anc. fr., GAY, 1882, p. 37; Nièvre, r. p.

« *Couleur puce* = une nuance du brun. — « Un individu en habit puce. » DUPEUTY, *Magas. pittor.*, comédie, 1833. — « Des souliers puce. » Bayard, *Mimi Pinson*, Vaudev., 1845. — « *Des chaussons puce* = chaussures de danseuses. » CH. DE BOIGNE, *Mém. de l'opéra*, 1857, p. 231.

« Nul sang blanc, nulle puce blanche. » XVIe s., LE ROUX DE LINCY.

« Il y fait noir comme peau (*ou* comme cul) de puce = *très sombre.* » M.-et-L., VERR.

« Vous avez bien le temps encore de gratter vos puces =

rien ne presse, vous avez le temps. » *Le Figaro du 23 mai 1861.*

« Vif coume une pouquie de puces. » Guernesey.

« *Ço qué piéouzé sap, quaou lou sap?* = ce que sait puce, qui le sait? » Provence, Mistr.

« Curieux comme les puces = *indiscret.* » A. Ricard, *Le brigand de la Loire*, 1844, I, 146. — « Couquin coumé uno *nièro* = même sens. » Provence, Mistr.

« Ennuyeux comme un boisseau de puces. » Locution très connue à Paris. — « Il se plaint toujours comme s'il avait un boisseau de puces après ses jambes, » Paris, r. p. — « Il est emmerdant comme un cent de puces. » Aisne, c. p. M. L.-B. Riomet.

« *Cul abandonné des puces* = injure à une femme sale. » Quarouble (Nord), c. p. M. L.-B. Riomet.

« Si vous déménagez à la Saint-Jean laissez toutes vos puces au logement que vous quittez, vous en trouverez assez d'autres dans celui que vous prendrez. » Pays messin, Mory, *Ermonek po 1818*, p. 17.

« Matà uo piéoudé eng hèourè (février), Atg éstiou qu'eng manquo ung sésté (setier). » Ariège, Castet. — « At més de hoouré eras piéoudés qués dang (se poursuivent) at dérré. » Id., *id.* — « Puss de mars, Néou to't nas. » Arrens (H.-P.), c. p. M. M. Camélat.

« *Anado dé piouzés, anado de mil* = quand il y a beaucoup de puces, il y a beaucoup de maïs » Lot, c. p. M. A. Perbosc.

« Pour être bon soldat il faut avoir la force d'un cheval, les jambes d'un cerf, la patience d'un chameau, le courage d'un éléphant et *la panse d'une puce.* » A. Dubois, *Proverbes picards*, 1888.

« Il entend tousser les pulces et croitre les herbes = *c'est un malin.* » D. Ferry, *Pharos*, 1683, p. 278. — « Il se fit un grand silence, vous auriez entendu sauter une puce. » Languedoc.

« *Pulex in albo crebrior* = puce se tient au blanc souvent. » BOVILLUS, 1531, f[ot] 150, r[o].

« Il est chargé d'argent comme un crapaud de puces = il n'a rien. » Calvad., *Bull. d. parl. norm.*, 1899, p. 230. — « Les riches ont de l'argent comme on a des puces. » P.-de-D., *Rev. d. tr. p.* 1898, p. 392.

« Ne te presse en rien, sinon pour attraper les puces. » Provence.

« Il attrape cela comme une puce dans sa chausse (son bas) = *il a trouvé cela tout de suite*, se dit ironiquement. » Belg. wall., *Dict. d. spots.*

« C'est le picot Où les puces portent sabot = *c'est une chose fantastique, incroyable.* » Belg. wall., *Dict. d. sp.*

« Cela ne se trouve pas dans la main d'une puce = *c'est une chose difficile à se procurer.* » LALANDELLE, *Epaulettes d'amiral*, 1857, p. 108.

« *Grato-pièouzé*, m., = fainéant, mendiant. » Provence.

« Pique-puce = tailleur. » Ed. CORBIÈRE, *Cric-crac*, roman, 1846, I, 112. Cf. *pique pou*, ci-dessus, p. 159.

« *Jean des puches* = l'index. » Bréville, Calvados, *Bull. d. parl. pop.*, 1899, p. 182. (L'index, mouillé de salive, sert à prendre les puces.)

« *La lunette à la puce* = le microscope. » BOREL, *Antiqu. de Castres*, 1649, p. 149.

Le saut d'une puce = un petit espace de temps. — « A peine le soleil remonte du saut d'une puce = *dès le petit jour.* » Mme DE SÉVIGNÉ. — « A la Sainte-Luce Le jour croît du saut d'une puce. » Dicton connu.

« Il étoit le meilleur bon homme qui fut d'ici au saut d'une puce armée. » XVIIe s., BÉR. DE VERV., *Moy. de p.*, éd. Roy., II, 42.

« *Casso-gnèyro* = le chasse-puce, c.-à-d. l'hiver. » Languedoc, D'HOMBRES.

« *Médecin des puces*, se dit de celui qui fait un métier imaginaire, qui ne fait pas comme les autres. » Vaucluse, LA MADELÈNE, *Marquis des Safras*, 1859, p. 18. — « *Cassà is niéros à la tirasso* = exercer un métier fantastique, imaginaire. » Provence, *Armana prouvenç.*, 1896, p. 45.

« *Ubi canes ibi pulices,*
Ubi panes ibi mures,
Ubi mulieres ibi dæmones. »

BOVILLUS, 1531, f[ct] 117, r°.

« Quand les mules seront sans vice,
Les chiens sans puces en juin
Et les couleuvres sans venin
Les femmes seront sans malice. »

AUVRAY, *Banquet des muses*, 1623, p. 106.

« Fémo, cat et cau An dé nièros tout l'an. » Provence.

« Partout les chiens sont sujets aux puces. » DU LORENS, *Satyres*, 1646, p. 61.

« Avec le chien se couchant, Avec les puces se levant. » Anjou, DE SOLAND, *Prov.*, 1858. — « Qui se couche avec les chiens se lève avec les puces. » FABRE, *Gramm. ital. franç.*, 1646, p. 256. — « Hante les chiens, tu auras des puces. » CORDERIUS, *Sententiæ proverbiales*, 1551, p. 121. — « Les maux ne les abandonnent non plus que les puces font les chiens. » XVIe s., G. BOUCHET, *Serées*, éd. Royb., 1882, I, 87. — « *Toutes les puces sont cachées sur le même chien* = tous les malheurs accablent le même individu. » Belg. wall., *Dict. des spots.* « Ils avoient les yeux ouverts comme chiens qui chassent aux puces. » XVIIe s., BÉR. DE VERV., *Moy. de parv.*

« *Que de puces a mon chien quand personne ne les lui ôte!* c.-à.-d. que de personnes se mêlent de mes affaires sans m'aider à les arranger! » Corrèze, BÉRONIE.

« Plus petit que le téton d'une puce. » CELLARIUS, *Ménagerie Bidon*, chanson, s. d. (vers 1890.)

« Le vois-tu ? — Pourquoi donc que je ne le verrais pas, cet homme ? Il est plus gros qu'une puce. » CHARDALL, *Vautours de Par.*, s. d. (vers 1865).

« Il n'est pas plus fort qu'une puce malade. » *Les trupheries du crime*, 1857.

« C'est se cacher à l'ombre d'une pulce. » FUSI, *Mastigophore*, 1609, p. 77.

« *Vous n'avez pas de puces* = vous ne vous gênez pas, vous avez du toupet. » CL. BERTON, *Conversion d'Angèle*, 1897, p. 119; BRUANT, 1901.

« *Des puces !* = terme de refus, comme on dit des nèfles ! » J. DORNAY, *Moulin des Corbeaux*, 1891.

« Cré mille sacs à puces ! = juron. » BRIOLLET, *A la révision*, s. d. (vers 1890).

« Profunde dormienti, Pulices innocui = Qui dort bien Puces ne craint. » BOVILLUS, 1531, fet 117, ro. — « *Elle avoit bien bridé les puces* = elle dormait bien. » XVIIe s., G. BOUCHET, *Serées*, éd. Royb., IV, 183. — « *Foou anà aribà sas gnéïros* = il faut aller donner à manger à ses puces, c.-à.-d. il faut aller se coucher. » Gard, D'HOMBRES. — « Donner son cœur à Dieu et son cul aux puces = *aller se coucher*. » E.-et-L., CHAPISEAU, — « *Couvo sis nièros* = il reste longtemps couché. » Provence, MISTR., I, 661. — « Angelus (*variante :* oremus), prends tes puces = c'est le moment d'aller se coucher. » Bournois (Doubs), ROUSSEY.

« Ce que tu effectues ne revient qu'à des saults de pulces. » FUSI, *Mastigophore*, 1609, p. 72.

« De joie, j'en sauterais comme une puce. » *Nouv. catéch. poiss., rec. de tirades*, s. d. (vers 1845.)

« Il ne faut se presser en rien, excepté pour prendre des puces. » Gascogne, *Arman. de Gasc.*, 1906, p. 61.

« Plus tost tiendrois cent pulces en un lict Sans remuer et faire aux gens morsures Que de tourner femme appétant la luxure A estre chaste ou changer son delict. » GRINGORE, *Notables enseignemens,* 1533.

« Est plus facille garder les puces de voller soubz le soleil ardant que une femme contre sa voulenté. » anc. fr., *Rev. d. études rabelais.*, I, 43. — « Il compare ces folz jaloux à celuy qui veult garder les puces au soleil qu'elles ne volent. » ID., *id.*

« Nous nous éparpillâmes tous comme une poignée de puces. » DE CAYLUS, *Œuvres,* 1786, X, 515.

« *Qu'ey counti coum sus u punh de puces* = j'y compte comme sur une poignée de puces, c.-à-d. pas du tout. » B.-Pyr., LESPY.

« *Cela ne coûte pas les tétons d'une puce* = cela ne coûte rien. » P.-de-D., J. ROY, *Les jolis maîtres,* 1895, p. 33.

« Qué sié damo ou démayzélo A toutjours puces débat l'échèro. » Gascogne, *Armagnac de Gasc.*, 1906, p. 61. — « Je l'ai cherchée partout inutilement, je n'ai trouvé d'elle ni un cheveu ni une puce. » G. MARFOND, *Madeleine,* 1889, p. 291.

« Je n'ai pas le temps de m'amuser toute la journée à chercher des puces à vos paroles. » BALLEYDIER, *Veillées du presbytère,* 1860, p. 17.

« Je voulais t'avertir qu'on te prenait une puce sur le nez = *que l'on t'exploitait.* » DE FOUDRAS, *Jacques de Brancion,* 1874.

« Ils font les rodomonts, mais à la moindre puce qui les pique, ils sont au désespoir. » MAX BUCHON, *Le fils de l'ex-maire,* 1855.

« *Avoir la puce à l'oreille* = avoir quelque préoccupation qui vous empêche de reposer, de dormir. » *Le grand Therence en françois,* 1534; etc., etc. — *La puce lui entra dans l'oreille* = sa méfiance fut éveillée. » Le Roux de Lincy, *Cent nouv. nouv.*, I, 91.

« J'ai bien la puce à l'oreille
Depuis trois ou quatre jours.
Cent fois la nuit je m'éveille
Pour penser à mes amours. »

Parnasse des muses,
1627, p. 127.

« L'aise chatouille et freteille Coume la pulce en l'oreille. » G. Meurier, 1582. — « Ayant le ver au cul et la puce à l'oreille. » Allard, 1605, f[ot] 274.

« Chouqui des pouces è l'oreille. » Belg. wall., *Rev. du tradit.*, 1906, p. 309.

Sur cette locution voir *Revue des études rabelais.*, 1907, pp. 98-101.

« *Chasser les puces à quelqu'un* = le rosser. » franç., *Amours du fidèle Du Pont*, 1620, p. 12. — « *Remuer les puces, secouer les puces à quelqu'un* = même sens. » Duez, 1678. — « Faut-il vous jeter à bas du lit pour vous secouer les puces = *pour vous faire lever*. » *La Gaudriole*, 1893, 2e sem., p. 298. — « *Cueillir des puces à quelqu'un* = le secouer, l'engueuler. » *La Gaudriole*, 1892, p. 10. — « *Secoue tes puces* = remue-toi, dépêche-toi. » H. Moreau, *Villa des gaffes*, vaudev., 1901. — « *Té boulégaraï sas gneïros* = je te secouerai les puces, je te battrai. » Gard, D'Hombres. — « Secouer ses puces = *danser*. » M.-et-L.

« *Avoir des puces* = se donner de l'importance, du mouvement. » Centre, Jaubert.

« On dit en voyant une jeune fille bien jolie, bien avenante : Si j'avôs eune puche come cha dén m' lit, j' nel' tuerôs point. » Valenciennes, Hécart. — « Elle est bien faite, je l'aimerais mieux dans mon lit qu'une puce. » Blain,

Scènes de feu, s. d. (vers 1890). — « *Emé uno niéro encin, ooura pas fréch aquest hivér* = avec une puce comme celle-là il n'aura pas froid cet hiver; en parlant du mari d'une belle jeune femme. » Toulon, *La Sinse*, 1874, p. 6.

« Il écorcherait une puce pour en vendre la peau = *c'est un avare*. » Locution connue.

« La puce c'est le françoys, le morpion l'espagnol, le pou l'allemand et la punaise l'italien. » Lagniet, 1657.

« Les puces sont les françois qui sautent et n'ont point d'arrêt et laissent des marques partout où ils vont ainsi qu'on le voit partout, mais ils n'y sont pas. » xviie s., Bér. de Verv., *Moy. de p.*, éd. Roy., II, 116.

« Les prisonniers se peuvent donner en un jour le plaisir de quatre sortes de chasses. La première, celle du pou, represente la beste fauve. La punaise, pour la seconde, nous figure la chasse du sanglier. Le morpion, pour la troisième, le lièvre en forme et la puce, pour la quatriesme, nous represente la chasse de la perdrix. Pour lesquelles chasses la nature les a douéz de dix chiens courrans si bien dressez à la venerie qu'ils n'ont point besoin de veneur pour les instruire, ni d'aucune nourriture pour les inviter à bien faire, tellement que leur chasse ne leur couste que le soin et la peine de rongner les ongles de leurs limiers. » *Facecieuses paradoxes de Bruscambille*, Rouen, 1615, f[et] 8, r[o].

« As la coulero de Pelissié que couchavo las nieros embe l'aste. » Provence, xviie s., *Bugado prov.* — « As la couléro d'aou pastissié qué couchavo las nieiros emb' un asté. » Langued., Sauv., 1785.

« Bon soir, une bonne nuit, Des puces à votre cul tout le long de la nuit. » Souhait facétieux, P.-de-C., c. p. M. Ed. Edmont.

« Là il y a plus de poux, de puces et de punaises qu'il n'y a de jours en l'an. » *La farce de la querelle de Gaultier Garguille*, 1613.

« Puce, morpion, pou et punaize Nous empêchent de vivre à nostre ayze. » LAGNIET, 1657.

« Dans cet incendie, ils auront une compensation; ils perdront aussi leurs puces et leurs punaises. » *Almanach de Bobèche*, 1816.

« Il faisait cela aussi facilement que je tuerais une puce. » LA LANDELLE, *Épaulettes d'amir.*, 1857, p. 151.

« Il ne ferait pas de mal à une puce = *c'est un doux, un inoffensif.* » Locution connue.

« Quand on cesse d'avoir des poux, on a des puces = *on n'est jamais heureux dans cette vie.* » Limousin, CHAMPEVAL. — « Quand il n'y aura plus de puces, il y aura encore des punaises. » Paris, r. p.

« Se soucier d'une chose *comme la puce du roc* = ne pas s'en soucier. » Proverbe béarnais du XVe s., LESPY.

« La gresse lui sortoit par les yeux comme les puces sautent dans un four qui sue de froid = *contre vérité, il était très maigre.* » XVIIe s., BÉR. DE VERV., *Moy. de p.*, éd. Roy., I, 241.

« *Boire le vin des puces.* » Locut. bourguignonne obscure rapportée par RESTIF DE LA BRETONNE, *Monsieur Nicolas*, 1736, II, 2390. — « Dans la montagne, en Franche-Comté, la première voiture qu'on rentre à la grange est dite *la voiture aux puces.* » *Rev. d. tr. p.*, 1899, p. 444.

« Les sorciers ont le pouvoir d'envoyer des puces à ceux qui leur déplaisent. » Somme, r. p.

« Pour ennuyer quelqu'un, on lui amène quantité de puces dans sa maison, en y jetant de la sciure de bois sur laquelle les chats ont pissé. » Aisne, c. p. M. L.-B. RIOMET.

« Si vous voulez n'avoir pas de puces de toute l'année dans votre lit, exposez-le à l'air le Vendredi saint avant le lever du soleil. » Yonne, *Annuaire histor. de l'Yonne*, 1886, p. 333; Ardennes, MEYRAC, p. 183.

« Les tisons des feux de Saint-Jean ont la propriété d'éloigner les puces. » Lucé (E.-et-L.), A.-S. MORIN, *Prêtre et sorcier*, 1872, p, 27.

« Pour se débarrasser des puces, il faut, le jour du Carnaval, balayer la chambre à l'envers, c.-à-d. en ramenant les balayures dans le foyer, au lieu de les pousser dehors. » Chedingy (I.-et-L.), *Rev. d. tr. p.*, 1904, p. 108. — « Il faut balayer la chambre à l'envers et en jeter les saletés chez le voisin, les puces s'y transporteront. » Yonne, *Annuaire hist. de l'Y.*, 1886, p. 333. — « Il faut laisser la lavette dans le trou de l'évier pendant toute la Semaine sainte; les puces iront chez le voisin. » Yonne, *Annuaire histor. de l'Y.*, 1886, p. 333.

« Pour chasser les puces de la maison, il faut frapper sur les lits avec une baguette de noisetier le jour du Vendredi saint. » Baugé (M.-et-L.), *Rev. d. tr. p.*, 1905, p. 363.

« Pour n'avoir pas de puces dans l'année, il faut, quand on entend pour la première fois au printemps les coassements des rainettes vertes, frapper les lits trois fois sans reprendre haleine avec une baguette de coudrier. » Ineuil (Cher), r. p.

« La première fois qu'on entend chanter le coucou, on doit prendre la terre qu'on trouve sous son sabot et la mettre dans son lit; de l'année on n'aura de puces. » Laroche-en-Brenil (C.-d'Or), c. p. M. H. MARLOT.

« Le dimanche de la Passion les enfants quêtent de maison en maison des fruits secs, en disant : Donnas mé los démerguieiros (= *présents du dimanche*), Qué bous couparaï lou cap o los nieiros (= *cela coupera la tête aux puces.*) » Séverac-le-Ch. (Aveyr.), FORESTIER, 1900, p. 2.

« Pissà ol liéch (*lit*), ocouo fo poou o los niéyros. » Aveyron, DUVAL.

« Faut jamai mettre en mouvement un brès couro l'enfant es pas dedins, perque acot dounarié de mau de ventre eis nièros vo eis lingastos que l'y soun ; et alors en li mettent mai lou nistoun (*enfant*) si vengearien sus d'eou. » *Lou franc prouvençau*, 1878.

« Pour ne pas être piqué des puces, il faut répéter trois fois de suite le mot : *och !* » *Écho du monde occulte du 5 février 1906.*

« *Rêver de puces* est signe qu'il va y avoir des disputes entre femmes. E.-et-L., CHAPISEAU ; Vosges, SAUVÉ, *Folkl. d. V.* — « Voir une puce sur sa main, c'est signe qu'on aura bientôt de l'argent. » Provence, Bretagne. — « Songer qu'on mange des puces présage des ennuis. » *Récréat. gal.*, 1671, p. 221.

« *Puce en main* (qui se trouve sur la main), *Nouvelle en chemin.* » Gironde, MENSIGNAC, 1888.

« Sic dicitur de pulice, quem cepit abbas, dicens : nunc teneo te; sæpe me punxisti ; nunquam te dimittam, sed statim te interficiam. Dixit pulex : pater sancte, ex quo me interficere proponis, pone me in palma tua, ut libere valeam peccata mea confiteri. Cum confessus fuero, poteris me interficere. Abbas, pietate ductus, posuit pulicem in medio palmæ. Pulex statim exiliit et per saltum evasit. Abbas pulicem fortiter vocavit, sed redire noluit. » HERVIEUX, *Fabulistes latins.*

Sur le conte de la puce qui quitte la campagne pour aller à la ville, tandis que la mouche quitte la ville pour s'installer à la campagne, voyez : *Almanac patoués dé l'Ariéjo*, 1905, p. 60.

Sur l'origine des puces créées par Dieu pour empêcher l'oisiveté, voyez : *Mélusine*, II, 8.

Jeu. — « On dit tout-à-coup à un enfant : *sur le nez tu as une puce.* Étonnement de l'enfant. Alors on lui donne une pichenette sur le nez en lui disant : *grébuss !* » Bournois (Doubs), ROUSSEY.

Symbolique : « Une image représentant une main fermée tenant des puces est accompagnée de ces mots : *la garde en est difficile.* » LA FEUILLE, *Devises*, 1693.

Devinettes. — « Je vais de chambre en chambre, J'attrape madame par la jambe. » Devinette connue partout. — « Potche-popotche tot avâ la chambe qui va catî (*chatouiller*), (*variante* picî, c.-à-d. *pincer*) madame à la jambe. » Belg. wall., *Wallonia*, 1896, p. 63.

« Pourquoy ont les femmes plus de pulces que les hommes ? Parce qu'elles trouvent aux femmes la rivière d'un costé et le vent de l'autre. » LE BON, 1557. — « Qu'est-ce qui est plus petit que le trou du cul d'une puce ? C'est sa crotte. » P.-de-C., c. p. M. ED. EDMONT ; Aisne, c. p. M. L.-B. RIOMET.

« Si tu l'as, tu la cherches, si tu ne l'as pas tu ne la cherches pas. » Dol (I.-et-V.), *Rev. d. tr. p.*, 1905, p. 40.

Facétie. — « Or ça, sire George, il faut prendre quelque chose ; n'avez-vous rien pris aujourd'hui ? — Sauf votre grâce, madame, j'ai pris une puce à la raye de mon cul. » XVIIe s., BÉROALDE DE VERV., *Moy. de p.*, édit. Royer, II, 114. — « J'ai une puce qui me pique ! Retourne-la sur le dos, elle ne te piquera plus. » Aube, L. MORIN.

« Un enfant voyant une femme manchotte, dit à sa maman : *pécaïre ! comment fait-elle pour prendre ses puces !* » *Armana prouvençau*, 1890, p. 30.

LES ANNÉLIDES

Aphrodita (genre) (Linné).

vermis aureus, physalis, hystrix marina, eruca marina, mus marinus, pudendum regale, anc. nomencl., Nemnich, 1793.
souris de mer, taupe de mer, chenille de mer, grosse scolopendre de mer, franç., Nemnich, 1793.
loche de mer, env. de Rochefort, *Annales marit.*, 1820, p. 55.
sorcio di mar, topo di mar, ital. — *glanzwurm, goldwurm, seemaus, goldmaus,* allem. — *see-mouse,* angl.

Nereis (genre) (Linné).

scolopendre marine luisante, belle de nuit, franc., Nemnich, 1793.
gogar-worm, écossais, Jam.

Arenicola (genre) (Lamarck).

lumbricus marinus, nomenclat. de Linné.
vérmé négré, m., Provence, Mistr.
pelouse, f., *gravelte,* f., bords de la Manche.
talarek, breton.

Lycoris escavena (Savigny).

éscavéno, f., B.-du-Rh., Vill. — *escarèno,* f., Provence, Mist.

Leodice (genre) (SAVIGNY).

mourré dur, m., B.-du-Rh., HONNORAT.

Phyllodoce (genre) (SAVIGNY).

mày'ré dis mourrés durs, f., B.-du-Rh., VILLEN.

Nephthys (genre) (CUVIER).

cordèlo, f., B.-du-Rh., VILL.
chatte, f., Saint-Malo, AUDOUIN.

Terebella (genre) (SAVIGNY).

esco à cabàn, f., Provence, MISTR.

Hermella (genre) (SAVIGNY).

péy'ro-abiyo, f., provençal, *Trav. de Zoograph. appliq.*, 1889, p. 91.
hamiy', f., Calais, DUHAM., 1769, I, ch. III, p. 58.

Lumbricus (genre) (LINNÉ). — LE VER DE TERRE.

(Voy. *Faune pop.*, t. III, p. 248.)

Ses noms :

lumbricus, lumbricius, lumbrix, lumbex, lumbrus, limbricus, imbricus, imbreus, lubricus, lambricus, lumbricus terrenus, vermes terrenus, vermiculum, vermiculata, isculus, istulus, elmix, almis, antrax, coccineum, jacular, tanterida, l. du m. â., GOETZ, GRAFF, DU C., DIEF, SIMON JANUENSIS, STEINM., WRIGHT, etc. — *intestina terrae*, l. du m. â., AMATUS LUSITANUS, 1536.
lumbric, lombric de terra, anc. prov., *ver lumbrique*, m., *lom-*

brys, m., anc. fr. — *lòmbrigh*, m., mentonais. — *loumbri*, m., Var. — *làmbrìn*, Marseille. — *ùmbèr*, m., La Malène (Loz.), r. p.

esco, f., provenç. — *aische*, f., *laiche*, f., anc. fr. — *ache*, f., *lache*, f., *êche*, f., *lêche*, f., Centre et Ouest. — *achée*, f., anc. fr. — *âchée*, f., *lâchée*, f., Nord et Ouest. — *anchée*, *anché*, Mayenne. — *achè*, m., *lâchè*, m., Char.-Inf., M.-et-Loire.

pasture, f., Laluque (Landes), r. p. — Habas (Landes), GASS.

rodge viêr, m., Namur. — *bèrmi rouy'*, m., langued. — *roujano*, f., Toulouse. — *bèrmoun*, m., T.-et-G., c. p. M. Ed. EDMONT.

barbô, m., Jura, c. p. M. Ed. EDMONT. — *babott*, m., Aude, c. p. M. Ed. EDM. — *bobott*, m., Ariège, c. p. M. Ed. EDM. — *biouétt*, m., Pays d'Albret, DARDY, I, 328. — *bouilt*, m., Ile d'Oléron, c. p. M. Ed. EDM. — *b'ditt*, m., Saint-Savin (Gir.), c. p. M. Ed. EDM.

bibére, Landes, DAUGÉ, *Flous de Lane*, 1901, p. 195.

pluvial, m., franç., D'ABANO, 1593.

torto-bigorto, f., Gard, c. p. M. P. FESQUET.

bughe, f., Guernesey, r. p. — *béghin*, m., *bëyin*, m., *bouyin*, m., Loire-Inf., c. p. M. Ed. EDMONT. — *bihan*, m., Comblessac (I.-et-V.), c. p. M. Ed. EDM. — *bouzi*, m., Monségur (Gir.), c. p. M. Ed. EDM. — *vëzon*, m., Clonas (Isère), c. p. M. Ed. EDM. — *liche*, f., Blanzay (Vienne), c. p. M. Ed. EDM. — *louacha*, m., La Vernelle (Indre), c. p. M. Ed. EDM. — *mulò*, m., Chenay (Marne), c. p. M. E. MAUSSENET.

taloss, m., *talosse*, f., Landes, Gers, B.-Pyr.

teû, m.. Droué (L.-et-Ch.), r. p.

ouaranba, m., jargon de Razey, près Xertigny (Vosges), r. p.

buzug, breton.

lûmbriz, Bergame. — *lambrôt*, *bagaròeut*, *verman*, Côme. — *begh da terra*, Parme. — *but*, Belluno. — *sentol*, *sentoli*, *setol*, Brescia. — *niscolo*, Ancône. — *casentula*, Sicile. — *attulingia*, Sardaigne. — *lombriga*, *minhoca*, *bicho*, *bichino*, portugais.

angelwjirm, Frise. — *pier*, *terik*, *tetling*, flamand. — *perek*, Aix-la-Ch. — *pieras*, *pierese*, *pieresel*, Berlin. — *angletitch*, Devonsh. — *yees*, Wiltsh. — *lug*, écossais.

On trouvera d'autres noms gallo-romains du lombric dans GILLIÉRON et EDMONT, *Atlas ling.*, fasc. 30, carte 1371.

« *Granella* = semen lumbricorum », lat. du XIIIe s., MATTHAEUS SILVATICUS.

« *Varra*, f., *vërra*, f. = excréments des vers de terre. » Savoie, FEN. — « *Vèrmènado*, f., = même sens. » Aveyron.

Toponomastique : *Terra de Vallis-Lombrigoza*, lat. du moy. â., *Tenement de Lombrigouse*, loc. du Gard, BESSOT, *Arch. de Nimes*, 1879.

« *Acher un hain* = mettre un ver à un hameçon. » FOURNIER, *Hydrographie*, 1667, p. 1. — « *Vrëmè*, m., pêche au ver de terre. » Ile d'Elle (Vendée), GUÉRIN.

« Eh bien ! je me reprends, un ver se reprend bien. » XVIIe s., CYRANO DE BERG., éd. Jac., p. 255.

« Un ver de terre se retourne bien, quand on marche dessus. » BOYER, 1780.

« *Avare comme une bugue.* Se dit parce que le lombric ne mange que de la terre. » Guernesey, r. p.

« Grouiller comme une pochée d'achets. » Char.-Inf., *Arch. hist. de Saint.*, 1886, p. 337.

« Il se tordait comme un ver coupé. » MAX-RAMEY, *Le faisceau*, 1892, p. 138.

« *Poulx vermiculant* = pouls lent qui se traîne comme un ver. » Eusèbe, *La Science du pouls*, 1568, p. 45.

« On dit à un importun dont on veut se débarrasser : *allez chercher des vers, il a plu!* » Liège, *Rev. des tr. p.*, 1906, p. 416.

« On appelle *pique-talos* un paysan, un piocheur de terre et en particulier *pique-talos* les gens de Salies (B.-Pyr.) » Béarn. — « On appelle *Taloussés* les gens d'Aren (B.-P.). On prétend que les habitants de ce village se rendant au marché d'Oloron, rebroussent chemin lorsqu'ils rencontrent des talos, parce que c'est un présage de pluie. » c. p. M. L. BATCAVE.

« *Trouc'her buzug* (= coupeur de vers de terre), en bas-breton et *coupou de buyins*, en haut-breton, = laboureur, paysan. » c. p. M. E. ERNAULT.

« Jeu met homme nud Comme un ver de terre. » *Grans abus des taverniers*, Rouen, 1578, p. 42. — « Nud comme un ver qui sort de terre. » J. P. CAMUS, *Cléoreste*, 1626, I, 542.

« *Embià arpastà tous talos* = envoyer quelqu'un engraisser les vers de terre, le faire mourir. » béarnais dans une pastorale du XVIIe s. — « *Qué nèourira lous talos* = il nourrira les lombrics, il sera mort. » B.-P., c. p. M. L. BATCAVE.

« Si volueris explorare, utrum struma sit loci illius, qui tumebit, ante quam medicinam adhibeas, lumbricum terrestrem ad tumorem adplica et postea super folium pone : si struma erit, lumbricus terra fiet, si non erit struma, integer atque inlaesus permanebit. » Ve s. apr. J.-C., MARCELLUS EMPIRICUS, chap. 15.

« Si l'on a certaine grosseur sur le poignet, il faut savoir si c'est le mal de Saint-Modé. Pour cela, on y place un ver de terre; si celui-ci meurt, c'est bien le mal de Saint-Modé, sinon, non. » Mur (C.-du-N.), r. p.

« Contre la fièvre lente des enfants, enfermer neuf vers de

terre dans un sachet qu'on appliquera sur la poitrine. Renouveler ces vers pendant trois jours consécutifs. Le dernier jour, prendre le sachet et le jeter au feu avec son contenu. » Seraing (Belg.), *Rev. d. trad. pop.*, 1901, p. 115.

« Pour guérir les enfants de la maladie des vers, on fait rôtir un ver de terre jusqu'à ce qu'il soit réduit en cendres, puis on le fait avaler au petit malade, avec du lait. » Arrens (H.-P.), c. p. M. M. CAMÉLAT.

« Si l'on fait écraser un ver de terre, le premier trouvé, par la main d'un enfant qui vient de naître et n'est pas encore baptisé, cette main aura le pouvoir dans la suite de guérir les panaris en exerçant une simple pression sur le doigt malade. » SAUVÉ, *Folkl. des Vosges.*

« Ayez deux couteaux neufs et par un vendredi matin, allez dans un endroit où il y ait des vers de terre. Prenez-en deux et ayant bien joint les deux couteaux ensemble, coupez les deux têtes et les queues; prenez les corps revenez chez vous; vous mettrez du.... dessus et les ferez sécher et mettrez en poudre pour faire manger à la personne dont vous voulez avoir l'amour. » XVIIe s., J. COUSIN, *Secr. mag.*, 1868, p. 4.

Devinettes. — « Torto, bistorto, Passo débat la porto, N'a pas poou doou gat ni doou can, N'a poou que doou hayan = *tortue, bistorte, elle passe sous la porte, elle n'a peur ni du chat ni du chien, elle n'a peur que du coq.* » Pays d'Albret, DARDY, I, 328. — « Torte, bistorte, Que passe per debat la porte, que cragn lou hasa (*coq*), Mes n'a pas poou dou ca (*chien*). » B.-Pyr., *Arman. déu bon biarnés*, 1906. — « Torto, bitorto, Passo sous la porto : Parà mé dé vetré poulé (*coq*), N'ày pas peur de vetro tsi (*chien*). » Saint-Didier-la-S. (H.-Loire), V. SMITH (dans *Mélusine*, I, 264.) — « Torto, bigorto, Passo jout la porto E dis à sa vésino :

Aparo-mi de ta galino (*de tes poules*) Qué dé toun chi noun aï poou. » Gard, c. p. M. P. Fesquet. — « Torto, bitorto, Passo jous la porto. A pas poou del co ni del cat, Mes la poulo l'a léou réclat. » Aveyron. — Torte, malhorte, Que passe debat dére porte, Que ba disé à ra besie que bire ére garie. » Arrens (H.-P.), c. p. M. Camelat. — « Qu'és aco qu'a un cors (*corps*) Et n'a gés (*pas*) d'os. » Provence, Mistral.

Hirudo (Genre) (Linné). — LA SANGSUE.

(Voy. *Faune popul.*, t. III, p. 249.)

hirudo, sanguisuga, latin. (Sur ces deux mots voyez *Archiv. f. lat. Lexicogr.*, 1884, p. 323.)

irudo, hirundo, irugo, erugo, iruda, suga, sanguisuca, sanguisugia, sansugia, bidella, bidellia, vermis aquatilis, ictinus, ionus, l. du m. â., Goetz; Du C.; Dief.; Benecke.

sanica, l. du m. â., Géraud, *Paris sous Philippe le B.*, 1837, p. 609.

aulasostomum, l. de 1557, doc. de la Suisse all., Staub.

eruge, f., anc. prov. — *éruga,* f., Hérault. — *irugé,* f., Bouches-du-Rhône. — *iroucho,* f., Béziers. — *alujo,* f., Loire. — *arua,* f., H.-Alpes.

sànsuga, sounsuga, sànsugo, sànsudjo, sansuge, sònsujo, sànsuyo, sansui, f., *sansui,* m., *sansoui,* m., *sanchoui,* m., *sanchui,* f., *sansî,* f., *sansoua, sansua, sànsuo, sònsuo, sansoou,* f., *sansouwe, sansüun,* f., *chawchaw,* f., *sànsuro, sònsuro, sansure, sansoûle, sans'roûle, sansurte,* en divers patois.

sànsola, f., Loire, Gras.

sansène, f., Poitou, Lalanne.

sànsogno, f., Provence, Mistr.

sàn-mvéoulho, f., *chàn-mvéoulho,* f., Bélaye (Lot), c. p.

M. R. Fourès. — *sàmbéoulo,* f., Montpezat (T.-et-G.), c. p. M. Ed. Edmont.

sàngonèra, f., Pyr.-Orient., *Soc. agric. des Pyr.-Or.*, 1882, p. 272.

sanày'rolo, f., cévenol, Sauvages, 1785.

sànsarrughe, f., La Teste (Gir.), Moureau.

sàngarruoue, f., Luxey (Landes), Foix, 1902, p. 24.

sàncarruou, f., La Teste (Gir.), c. p. M. Ed. Edmont.

sangnuro, f., Vallières (Creuse), r. p. — *sangnèro,* f., Corrèze, c. p. M. Ed. Edmont. — *saniré,* f., *sanéri,* f., P.-de-D., c. p. M. Ed. Edm.— *ségnëte,* f., Drôme, c. p. M. Ed. Edm.

sàngnuze, f., B.-Pyr., Lespy.

sàngraluze, f., B.-Pyr., sur les confins des Landes, Lespy.

této, f., *titë,* f., *tétorèlo,* f., Limousin.

tiro-sàn, m., *pipo-sàn,* m., provençal. — *poupo-sang,* m., H.-P., c. p. M. P. Tarissan. — *chuque-sang,* H.-P., c. p. M. M. Camélat.

sinaprisse, f., Saint-Georges-des-Gros (Orne), r. p. (Mot employé par les herboristes de la localité; c'est sans doute le mot français *sinapisme*).

piqueuse, f., jargon de Razey, près Xertigny (Vosges), r. p.

arédzé, m., Les Saintes-Maries (B.-du-Rh.), c. p. M. Ed. Edm. — *irizë,* f., Bort (Cant.), c. p. M. Ed. Edm. — *liéougé,* f., Aveyron, Mistr.

tchoryo, f., Ambert (P.-de-D.), c. p. M. Ed. Edm. — *tÿin˜ke,* f., Mézos (Landes), c. p. M. Ed. Edm.

sancisuca, sanguetta, sanguettola, ambisùa, dial. ital. — *biscis-cioli,* Côme, Monti. — *egala,* anc. haut-allem. — *sugelster,* Aix-la-Ch. — *ägle, bluet-ägle,* Suisse all. — *sooker,* écossais.

On trouvera d'autres noms gallo-romains de la sangsue dans : Gilliéron et Edmont. *Atlas ling.*, fasc. 26, carte 1189.

Pour l'histoire de l'usage des sangsues dans l'antiquité et au moyen-âge, voyez Moquin-Tandon, *Les Hirudinées*, 1827.

TOPONOMASTIQUE :

La Mare-Sangsue, loc. de l'Eure, BLOSSEVILLE.

Le Marchais de la Sangsue, loc. de l'Yonne, QUANTIN.

Fons de las Hereges, doc. de 1380, *Font des Hyruges*, doc. de 1479, loc. du Gard, GERMER-DUR.

La Tour de la Sensuère, anc. tour à Nevers, LE BLANC-BELLAUX, *Arch. de Reims*, 1876.

Le Marais de la Sensurière, local. près Granville, LA POTICHE, *Baie du Mont-Saint-Michel*, 1891, p. 253.

La Sansurie, local. des Deux-Sèvres, LEDAIN.

Le Sangsuy, le Sansuyer en 1287, *le Sansuvy, le Sansuet, le Pré des Sangsues*, ruisseaux ou marais à sangsues, Suisse rom., JACC.

« *Sansurière* = étang à sangsues; *sansurieû* = preneur de s.; *sansurer* = poser des s. » Centre, JAUB. — « *Sansurer* = sucer le sang comme une s., ruiner, pressurer quelqu'un; *se sansurer* = se mettre dans la gêne, faire des sacrifices d'argent. » Vendômois, MART. — « *Sangsurer quelqu'un* = l'exploiter. » BUÉE, *Grand jugem. de la Mère Duchesne*, 1791, p. 6. — « Faire des *sangsues* dans les fossés pour l'écoulement des eaux. » doc. de 1753, Seine-et-Marne, LEMAIRE, *Arch. civ. de S.-et-M.*, 1880, IV, 114.

« *Garsi* ou *mettre des bouëttes* = mettre, poser des sangsues.... *vas ti fé garsî* = va te promener, va-t'en. » Belg. wall., c. p. M. J. FELLER.

« Elle a un petit poupon sur les bras qui remue comme une sangsue. » Fr.-Comté, BEAUQ., *Chans. p. de Fr.-C.*, 1894, p. 171.

« Cela ne lui a pas fait plus que des sangsues sur une jambe de bois. » Lyon, *La Marionnette*, journal lyonnais, 1867, nº 28, p. 1. — « Cela leur fait autant d'effet qu'une sangsue sur un chêne. » *La Gaudriole*, 1894, p. 397.

« La garce me fait poser comme une sangsue. » *Paris la nuit*, journal, 1891, p. 283.

« Qui sang sue peut nourrir sangsue. » Prov. du XVIe s., LE ROUX DE LINCY.

« Mortes ou vivantes les sangsues ont le don de tirer le mauvais sang qui occasionne les maladies. Il est plus commode de les administrer en friture ou en poudre que de s'en servir vivantes. » *Soc. acad. du Nivernais*, 1887, p. 155.

Devinettes. — « Qu'est-ce qui n'a ni pied, ni patte, ni rien (d'analogue) et qui passe l'eau d'un petit coup de queue? » Belg. wall., *Wallonia*, 1896, p. 63. — « Qui n'a ni os ni ossets Et passe encore bien les ruissets ? I.-et-V., *Mélusine*, III, 327. — « Comment fera-t-elle, molette, Qui n'a ni pied ni quette? » H.-Bret., SÉBILLOT, *Devinettes*, p. 8.

Formulette. — « Sangarruoue, ruoue, rueue, Tout de loun den la laguoue, Bén én ça que-t bouy gahà Que-t dréy sang doou calhioua = *sangsue, ruoue, rueue, tout au loing dans la mare, viens par ici, je te veux prendre; je te donnerai du sang de la cheville du pied.* » Luxey (Landes), FOIX, 1902, p. 24.

Hirudo vorax (MOQUIN-TANDON).

sangsue noire, sangsue de cheval, franç., MOQUIN-TANDON, *Hirudinées*, 1827. (La sangsue dont on se sert en médecine est appelée *sangsue grise*.)

Gordius aquaticus (GMELIN). — **LE DRAGONNEAU.**

vitulus aquaticus, seta palustris, chaetia, amphisbæna aquatica, autres nomenclatures, NEMNICH.

dragonneau, chanterelle, crinon aquatique, crins, soies, fil de mer, ver en crin, franç., NEMN.

crin de fontaine, crin de mer, franç., LITTRÉ.

burstenwurm, haarwurm, pferdehaarwurm, quintwurm, dratwurm, zwirnwurm, wasserkalb, allem., NEMN.

fingertrold, seneorm, vandtarm, traadorm, danois, NEMN.

Cet animal passe pour donner la mort aux hommes et aux animaux qui en avalent, par mégarde, en buvant.

« On dit que ces annélides sont des crins de cheval, en train de se changer en serpents. » Béarn, *Congrès scientif. tenu à Pau en 1873*, I, p. 406.

LISTE

DES

OUVRAGES CITÉS EN ABRÉGÉ

(Supplément, voir les volumes précédents)

AUDOUIN, *Recherches pour servir à l'hist. natur. du littoral*, 1829, in-8.

BROOKES (S.), *Conchology*, London, 1815.

BRUGUIÈRE, *Histoire naturelle des vers*, Paris, 1792.

CORTELYOU (John van Zandt), *Altenglischen Namen der Insekten*, Heidelberg, 1906.

DARGENVILLE, *Hist. natur. éclaircie dans une de ses parties, la conchyliologie*, 1742.

FAVART D'HERBIGNY, *Dictionn. d'hist. nat. qui concerne les coquillages*, Paris, 1775.

GEOFFROY (Et. L.), *Traité des coquilles des envir. de Paris*, 1767, in-12.

GERSAINT, *Catal. raisonné de coquilles, etc.*, Paris, 1736.

GERVILLE (de), *Études sur le dép. de la Manche*, Cherbourg, 1854.

MAUDUYT (L.), *Mollusques du dép. de la Vienne*, 1838.

MENDES DA COSTA (Emm.), *Historia naturalis testaceorum Britanniæ*, Londres, 1778, in-4°.

TABLE DES MATIÈRES

CLASSES

ESPÈCES

1° NOMS LATINS

2° NOMS FRANÇAIS

DIJON, IMP. JACQUOT ET FLORET

LABORE
CONSTANTIA

www.ingramcontent.com/pod-product-compliance
Ingram Content Group UK Ltd.
Pitfield, Milton Keynes, MK11 3LW, UK
UKHW012028240726
13965UKWH00002B/639

9 782012 934337